온 마음으로, **깊이** 감사드립니다.

_____ 님께

_____ 드림

감사로 움직여라

THIS IS THE MOMENT! by Walter Green
Copyright ⓒ 2010 by Walter Green
Originally published in 2010 by Hay House Inc. USA

Korean translation rights ⓒ 2011 by Maksmedia
Korean translation rights are arranged with Hay House UK Ltd.
through Amo Agency Korea.
Tune into Hay House broadcasting at: www.hayhouseradio.com

이 책의 한국어판 저작권은 아모 에이전시를 통해 저작권자와 독점 계약한 맥스미디어에 있습니다.
신 저작권법에 의해 한국 내에서 보호를 받는 저작물이므로 무단 전재와 무단 복제를 금합니다.

감사로 움직여라

지은이 | 월터 그린
옮긴이 | 신현경
그린이 | 장정윤

초판 1쇄 발행 | 2011년 6월 16일

편집위원 | 박영배
펴낸이 | 신난향
펴낸곳 | 맥스미디어
출판등록 | 2004년 3월 17일(제2-3955호)
주소 | 서울특별시 서초구 양재동 275-1 삼호물산 빌딩 A동 4층
전화 | 02-589-5133 (대표 전화)
팩스 | 02-589-5088
홈페이지 | www.maksmedia.co.kr

기획 | 임소현
편집 | 김원숙 홍혜미
디자인 | 손현주 최다미 박주현 임세희
영업·마케팅 | 김찬우
경영지원팀 | 장주열 박선영
인쇄 | 예림인쇄

ISBN 978-89-91976-34-4 13320
값 12,000원

＊잘못된 책은 바꾸어 드립니다.

감사로 움직여라

월터 그린 지음 | 신현경 옮김

'지금 바로 그 순간'을 위하여

"위대한 사람들은 같은 생각을 한다."는 말이 있다. 30년 지기 친구 월터 그린과 나에게는 확실히 맞는 말이다. 우리는 둘 다 평생 동안 칭찬하고 감사하는 생활에 대해 누누이 강조해 왔다.

70세 생일을 기념하는 파티를 위해 공동 집필자 모두를 샌디에이고로 초대했다. 그들 중 많은 사람들이 서로 잘 모르는 사이였는데 함께 모여 정겨운 시간을 보낼 수 있었던 것이 참으로 감동 깊었다.

생일을 축하하는 방법도 재미있었지만 행사 자체가 특별하기도 했다. 우리는 인간 행동과 리더십 분야에서 오랜 시간 경험을 쌓아 왔는데, 이날 그 분야의 한 문제에 대해 토론 모임을 갖고 열띤 논쟁을 벌였다. 이 사람들을 한자리에 모이게 한 이유는 『모리와 함께한 화요일』이라는 책에 나왔던 모리 슈워츠 교수 장례식 예행 연습 장면에 깊은 감화를 받았기 때문이다.

책을 읽은 뒤 '내게 안 좋은 일이 닥치기 전에 내 인생에서 소중한 사람들을 모두 한자리에 모을 수 있다면 얼마나 대단한 일인가!' 하고 생각했다. 이들이 모두 모인 자리에서 축하 받는다는 것은, 내게 정말 특별한 일이었다.

소중한 사람들을 한데 모아 생일 파티를 하면 좋겠다는 생각이 들어 월터에게 이 이야기를 꺼냈더니 그는 나보다 한발 앞서 있었다. 그는 자신의 인생에 큰 영향을 준 인물 목록을 작성하고 있었다. 그런 다음 일 년 동안 전국을 돌면서 그들을 만나 그들이 그의 인생에 어떤 변화를 주었고 어떤 의미로 남아 있는지 전하였다. 그는 한 사람 한 사람과 진지한 대화를 나누며 특별한 시간을 보냈다. 그 이야기를 듣고 나는 월터에게 "책 소재로도 너무 훌륭한 아이디어인걸." 하고 진심으로 감탄하며 말했다.

월터의 뜻깊은 여정을 엮은 이 책을 읽어 보길 권한다. 그것을 자극제로 삼아 우리 인생에 도움을 준 사람들을 떠올려 보자. 그 다음, 우리 인생에 그들이 얼마나 큰 영향을 미쳤는가를 그들에게 말해 주자. 가장 중요한 것은 바로 실행에 옮기는 일이다. 지금이 바로 그 순간이다!

켄 블랜차드, 『칭찬은 고래도 춤추게 한다』『1분 경영』의 저자

삶을 변화시키는 참으로 신비스러운 글이다! '감사하는 법'은 '끌림의 법'보다 더 강렬하며, 함께 한다는 것은 사랑하는 사람에게 줄 수 있는 가장 큰 선물임을 보여 준다. 누구나 꼭 한 번 읽어야 할 필독서!

데니스 와이틀리, 『성공의 씨앗』 저자

내 친구 월터 그린은 개인적으로도 사회적으로도 성공한 사람이다. 그는 한가로이 인생의 여유를 즐길 시기에 다른 사람은 상상도 못할 일을 실행에 옮겼다. 그것은 사는 동안 인생의 이정표가 되고 많은 도움을 주었던 사람들을 직접 방문하는 여행이었다. 이 책은 우리에게 마르지 않는 샘물 같은 지혜를 선사하며, 진지하고 흥미로운 경험을 안겨 준다. 그리고 삶에 지쳐 있는 이들에게 참된 힘과 용기를 불어넣어 주며 진정 인생에서 꼭 필요한 진실을 알려 주는 책이다.

수잔 소머스, 탤런트이자 배우, 베스트셀러 『녹아웃 Knockout』 작가

옛 속담에 이런 말이 있다. '오늘 할 일을 내일로 미루지 마라.' 『감사로 움직여라』는 월터 그린이 그런 옛 속담을 직접 실행에 옮긴 이야기다. 이 책은 '자기 계발서'가 아니다. 인생을 바르게 살아왔고, 사회적으로 인정받고 있는 사람의 지극히 개인적이고 강렬한 인생 이야기다.

　　　　　　　　　　빌 브래튼, LAPD 전 의장이자 전 뉴욕시 경찰청장

월터 그린은 한 남자의 마음의 여행을 아름답게 담아내었다. 주변 사람들이 지금의 우리를 있게 했다는 깨달음과 함께, 감사와 고마움이라는 가장 위대한 정신적 교훈을 일깨워 준다.

　　　　　미미 과네리 박사, FACC, 『마음은 말한다 The Heart Speaks』 저자

월터 그린의 인생 회고는 흥미로운 사실을 전해 준다. 그는 가던 길을 잠시 멈추고 삶의 본질에 집중하여 더 멋진 세상을 만들 방법을 탐색한다. 그의 말 하나 하나가 의미 있지만 그가 던지는 질문은 참으로 의미심장하다.

　　　폴 롭쇼우, 세계 사장단 모임 전 회장, L3(Leadership, Legacy, Life) 단체 의장

이 책은 무한한 영감의 원천이다. 동기 유발은 물론이고, 일과 삶에 있어서 그 성공과 의미, 둘 다를 깨우치려면 이 책을 읽자!

　　　니도 알 큐뱅 박사, 하이 포인트 대학교 총장, 그레이트 하비스트 브레드사 회장

저에게 **날개**를 달아 주신
어머님과 아버님께

그 날개로 더욱 힘차게 **비상**할 수 있도록 만들어 준
나의 아내 롤라에게

내가 날아다니는 하늘을 햇빛으로 가득 채워 준

나의 아들 조나단과 제이슨에게

켄 블랜차드 추천사

추천사

서문

1. 감사의 마음을 전하기 위해

🎁 **성공은 혼자 이룬 것이 아니다 20**

　마음이 다가 아니다

　『감사로 움직여라』가 탄생하기까지

　감사 여정에서 꼭 필요한 것들

　여정의 첫발을 내딛다

🎁 **감사 여정에서 얻은 뜻밖의 선물 38**

　두 번의 크루즈 여행 이야기

　'44인'과의 가슴 찡한 대화

　감사는 행복의 원천

🎁 감사의 만남은 서로에게 축복이다 50

　감사해야 할 쪽은 자네가 아니라 나일세

　우리의 시간을 추억할 기념품

🎁 머뭇거리면 후회가 따른다 62

　실천은 빠르면 빠를수록 좋다

　작별하기엔 너무 이르다

　부치지 못한 편지, 못다 한 말들

　마음속에 살아 계신 아버지

　크고 깊은 사랑의 어머니

2. 인생의 갈림길에서 만난 44인

🎁 인생의 싹을 틔우기까지 86

　인격 형성에 영향을 준 사람

　삶의 질을 높여 준 사람

🎁 인생의 푸른 숲을 이루기까지 104

　인생의 길을 제시한 사람

　축복이었던 사업 파트너

　인적 네트워크에서 만난 사람

🎁 인생의 풍성한 수확을 거두기까지 126

　　인생에 의미를 부여해 준 사람

　　준 것보다 더 많은 것을 돌려준 사람

　　푸릇푸릇한 젊은 세대

　　믿음을 가르쳐 준 사람

🎁 가족은 내 인생의 보석 상자 146

　　나의 사랑 나의 보석, 아내 롤라

　　부모의 모든 것, 아들과 딸들

3. 감사는 마음을 움직여 기적을 낳는다

🎁 당신만의 방법대로 실천하라 164

　　실천1. 감사할 사람들 목록 만들기

　　실천2. 감사 표현의 구체적인 내용 정하기

　　실천3. 감사의 마음을 전하는 실행 계획 짜기

　　실천4. 감사 여정 후의 추억 만들기

🎁 망설이지 말고 한 발자국만 더 나가라! 182

　　감사를 전하지 못하는 12가지 이유

　　크레이그에게 보내는 편지

🎁 희망의 불씨 퍼뜨리기 198

감사 릴레이

감사의 씨 뿌리기

감사 여정이 일으킨 잔잔한 파문

인생의 도약을 마련해 준 사람

아들을 위한 특별한 환송회

44센트의 기적

후기 214

참고 문헌 220

감사의 말 221

감사는 더 큰 감사를 낳는다!

　　　　가치 있는 인간관계는 내 존재를 이루는 핵심이다. 그래서 나는 일 년 동안 감사 여정을 떠나기로 결정 내리고 내 삶에 도움을 주었던 이들을 찾아갔다. 인생에 특별한 의미가 있는 '나의 44인'을 만나기 위해 미국 땅을 두루 돌아다녔고 또 해외로도 나갔다. 감사를 전할 사람과, 내가 처음 어떻게 만났는지 돌이켜 보고 함께 했던 소중한 일들을 하나하나 떠올렸다. 그런 다음 내 인생에 도움을 준 것에 대해 진심으로 감사를 표했다. 그들이 모두 내게 소중한 사람이라는 것은 이미 느끼고 있었지만 고마움을 표현하면서 나는, 그들이 내 인생을 완전히 변화시켰던 장본인이었음을 뼈저리게 느꼈다.

　내 인생의 전반기는 보잘것없었다. 어렸을 때 아버지 사업과 건강 때문에 우리 가족은 자주 이사를 다녀야 했다. 대학을 졸업하고 8년 동안 여러 직업을 전전했고 그런 다음 얼마 되지 않는 저축을 털어 '해리슨 컨퍼런스 센터'라는 신생 회사에 투자했다. 지난 29년 동안 나는 큰 보람을 느끼며 경력을 쌓아 갔다. 혁신적인 산업으로 손꼽히는 해리슨 컨퍼런스 센터의 회장이자 최고 경영자, 대 주주로서 일했다.

12년 전 그 회사를 팔고 아내 롤라와 나는 샌디에이고로 이사 와 봉사 활동을 하면서 지내고 있다. 그러던 중 2~3년 전부터 어떻게 사는 것이 좋을까 곰곰 생각하다가 감사 여정이라는 특별한 인생 체험을 해 보기로 결정하였다.

처음부터 이것을 책으로 써야겠다고 생각한 것은 아니었다. 감사 여행을 다닌 지 6개월쯤 지났을 때 친구들과 저녁 식사를 하다가 아내 롤라가 부추겨 나의 여정에 관해 이야기하게 되었다. 그런데 사람들이 내 이야기에 눈빛을 반짝이며 듣고는 진심 어린 감사 표현이 인생에 정말 중요하다는 것을 알게 되었다고 말해 주었다. 그날 이후 나는 '나의 여정이 사람들에게 감동을 주는구나.'라는 확신을 가질 수 있었다.

책을 쓰겠다는 생각이 굳어진 것은 이런 일이 두어 번 반복되면서였다. 내 여정이 다른 연령층에게도 큰 호소력이 있다는 확신이 들기 시작했다. 심지어 전혀 남의 말에 귀 기울일 것 같지 않던 남자마저 마음의 동요를 보였다. 그는 저 세상으로 떠난 사람에게 고맙다는 얘기를 못한 것이 두고두고 한이 되어 내 이야기가 가슴에 뼈저리게 와 닿는다고 말했다.

세계에서 가장 큰 아동 자선 단체인 '어린이에게 자유를 Free the Children'에 참석하려고 케냐를 방문했을 때 이 단체 창립자인 스물여덟 살 크레이그 킬버거에게 내 얘기를 했더니 큰 관심을 보였다. 그는 그날 저녁 식사 후 모임 참석자들에게 내 이야기를 들려 달라고 부탁했다. 나는 흔쾌히 그 청을 받아들였다. 그리고 나의 이야기가 끝나자 모두들 일어나 박수를 쳐 주었다. 대부분 젊은 사람들이었지만 소중한 사람들에게 감사를 표하는 것의 가치를 이미 깨닫고 있었다.

여러 사람들이 관심을 갖게 되면서 나의 여정 이야기들을 책으로 만들 수도 있겠다는 생각이 들기 시작했다. 그러던 중 아내 롤라가 헤이하우스 출판사의 편집장 질 크래머를 만나고 나서 그 결실을 보게 되었다. 내가 나의 여정에 대해 들려주자 질은 열의를 보이며 내 이야기를 책으로 만들자고 했다. 그리고 다음날 출판사 사장 라이드 트레이시와 만나 출판 계약을 맺었다. 이제 그 결실이 독자들의 손에 들려 있는 것이다.

이 책의 제1부에서는 감사 여정을 떠나게 된 이유와 그 과정을 적었다. 감사 여정 목록에 오른 사람들의 선정 기준과 그 여정이 어떻게 기획됐는지 밝혔다. 이는 나와 나를 둘러싼 인간관계에 관해 새롭게 인식하는 계기가 되고, 삶의 주요한 지침이 되었다. 놀라운 것은 내게 감사의 뜻을 전해 받은 사람들 역시 얻은 것이 많았다는 것이다.

제2부에는 나의 인생 이야기가 나온다. 그리고 내 감사 여정 목록에 오른 사람들을 만나고 그때 나눈 대화 내용이 들어 있다. 감사한 사람들을 어느 정도 나누고 뽑아서 언급하였다. 내가 책을 쓴다고 하자 고맙게도 대부분, 자신들의 이름을 거명하고 대화를 공개하는 것에 동의해 주었다. 내가 어떻게 감사하는 마음을 표현했는지를 보며, 독자들도 소중한 사람들에게 어떻게 고마움을 전할지 생각해 보면 좋겠다.

제3부는 독자들을 위한 자리다. 감사 여정을 시작하기에 적당한 결정적 순간을 기다릴 필요가 없다는 것을 나는 강조하였다. 지금 당장 시작해도 결코 빠른 것이 아니다. 지금 나이가 몇이든 또 어떤 상황이든 부모나 할머니, 할아버지, 친구나 동료들, 선생님 등 여러분의 인생을 변화시켜 준 사람들의 소중함을 깨닫는 것은 멋진 일이다. 인생에 영향을 주고 진로를 바꿀 수 있게 해 준 사람들에게 고마움을 표현하는 법이나 조언을 참고하여 스스로의 방법을 터득하면 된다. 감사 표현을 망설임 없이 실행하는 데 작은 도움이 될 것이다. 마지막으로 감사 여정에 관해 이야기를 들은 사람들이 기쁘게 '감사 릴레이'를 시작했다는 이야기도 전한다.

나는 학자나 연구자로서 감사 표현을 말하고자 하는 것은 아니다. 단지 몸소 체험해 보았기에 그 생생한 느낌을 함께 나누고 싶을 뿐이다. 여러분들이 실행에 옮겼다는 소식을 듣게 된다면 나 또한 매우 기쁠 것이다.

1. 감사의 마음을 전하기 위해

성공은 혼자 이룬 것이 아니다

마음속에 불꽃이 꺼졌을 때
다른 누군가가 그 불꽃을 되살려 주기도 한다.
그렇게 불꽃을 다시 피워 준 사람들에게
우리는 깊이 감사하는 마음을 갖게 된다.

— 알버트 슈바이처

　　지난 인생을 되돌아보니 가슴 벅찬 순간들이 참으로 많았다. 생활 전선에 뛰어 들어 고생했던 시절을 생각하면 그 기쁨은 더욱 커진다. 독자들은 무일푼으로 자수성가한 사람의 흔한 회고담이구나, 하고 생각할 수도 있다. 하지만 지난 일 년 동안 감사 여정을 다니면서 내가 얻은 결론은 지금 나의 성공은 결코 혼자 이룬 것이 아니라는 사실이다. 나름대로 열심히 살았고 운도 따랐지만 나는 자수성가와는 거리가 먼 사람이다. 나의 성공은 주변에 좋은 사람들이 많이 있었고 그들이 깊은 영향을 준 덕분이다. 그들이 없었다면 내가 과연 이만큼 해낼 수 있었을까? 당연히 불가능했을 것이다. 겸손하게 보이려고 하는 말이 아니라 사실이 그렇다. 생각할수록 고개가 절로 숙여진다. 내 인생에 그들이 있었다는 것이 행운이었다. 하지만 그들이 영향을 주던 때는 솔직히 나도 그런 생각을 못했다.

　　로버트 에먼스 박사는 그의 책 『감사합니다! 행복해질 수 있는 감사 표현법』에서 이렇게 말했다. "자신의 성취가 자랑스러울 때, 다른 사람의 도움으로 그것을 이룰 수 있었음을 깨달아야 한다. 그래야 비로소 진정으로 감사하는 마음이 생겨난다." 이 글을 읽고 나는 내게 영향을 준 사람들을 찾아다니며 특별한 방법으로 진심 어린 감사를 전해야겠다는 야심찬 계획을 세웠다. '특별'하다는 것은 우리가 도움을 받거나 식사 대접을 받은 후에 습관처럼 "고맙습니다." 하고 말하는 것과는 다르다. 인생을 되돌아보면서 삶에 영향을 준 사람에게 고마움을 느끼고 그것을 상대에게 알리는 '온 정성을 다하는' 감사 표현을 말하는 것이다.

케네디 센터 평생공로상 수상자와 아카데미 상 수상자를 비교해 보면 그 차이가 확연히 드러난다. 아카데미 상 수상자는 작품의 우수성을 인정받은 사람들이다. 아카데미 상 수상자는 수상식에서 딱 한 번 감사 표현을 한다. 반면 케네디 센터 평생공로상 수상자는 사람들에게 계속 축하를 받는다. 또한 수상자의 동료들이 수상식에 참석하여 수상자의 업적이 자신에게 어떤 영향을 미쳤는가를 이야기하며 감사와 찬사를 쏟아낸다.

이런 특별한 감사 표현은 찬사문이나 추도사와도 확연하게 다르다. 보통 우리는 결혼식이나 퇴임식, 수상식, 용기 있는 행동을 보았을 때 찬사를 보낸다. 찬사문은 공개적이고 짧기 때문에 인생에 지속적인 변화를 준 데 대해 깊은 감사를 전하기에는 턱없이 부족하다. 추도사의 경우엔 지인들이 참석해서 고인의 행적을 기리며 감사한다. 고인에 대해 감동 깊은 이야기를 할 때 우리는 고인과 대화를 나누는 듯한 느낌이 든다. 그러나 돌아가신 후에 마음을 표현하는 것은, 기회를 놓친 회한이 따를 뿐이다. 또 추도사를 읊을 수 있는 영광도 몇몇 가족이나 친구들로 한정되어 있으니 진정 자신의 마음을 다 표현하기란 거의 불가능하다.

마음이 다가 아니다

 감사 여정을 다니면서 나는 감사하는 마음에 대해 많은 생각을 해 보았다. 온갖 편의 시설로 일상생활이 편해진 것도 고마운 일이다. 매일 아침 샤워기를 틀면 깨끗한 물이 콸콸 쏟아져 나오고 레버만 돌리면 뜨거운 물과 차가운 물이 번갈아 나오는 것도 고맙다. 생각해 보면 놀라운 일 아닌가. 이 책을 쓸 때도 컴퓨터로 작업하는 세상이라 팔 아프게 펜으로 쓰지 않아도 된다는 사실이 못내 고마웠다.
 더 중요한 것은 살아 있다는 것에 대한 감사이다. 매일 아침 눈을 뜨면 가장 먼저 이렇게 되뇐다. "좋은 일을 할 수 있도록 또 하루를 허락해 주셔서 감사합니다." 내 아버지는 53세를 일기로 돌아가셨다. 그 이후로 난 내가 53세 넘게 살게 되는 것만으로도 대단하다, 생각했다. 이제 그 나이를 훌쩍 넘고 보니 하루하루가 덤으로 주어진 귀한 선물 같다. 건강한 것이 정말 고맙다. 건강하기에 여가 생활도 즐길 수 있지 않은가. 사랑하는 아내 롤라와 아들들이 있다는 사실에도 깊이 감사한다. 사실 내 삶의 중심은 친가나 처가 식구들 그리고 친구들과의 모임이어서 그 관계를 유지하려고 늘 노력하고 있다.

수십 년간 힘들게 직장 생활을 하면서도 좋은 사람들을 많이 만났고, 행운도 따라 주어 지금은 여유로운 생활을 누리고 있는 것에 진심으로 감사한다. 내가 지금 하는 작업은 내 인생의 목표와 잘 맞다. 더 이상 무엇을 바라겠는가?

"누리고 있는 축복을 헤아려 보라."는 가르침은 여러 신앙의 바탕이기도 하다. 책으로도 많이 다루어졌고 학문으로도 많이 연구되었다. 평소에 '감사하는 태도'를 갖고 일기에도 적어 놓으라는 충고를 많이 듣는다. 근육을 제대로 쓰려면 평소에 꾸준히 운동해서 근육을 단련시켜야 하는 것처럼 감사 또한 평소에 그런 마음을 가져야 하는 것이다. 그렇게 다른 사람에게 감사의 마음을 직접 표현하면 자신뿐 아니라 상대방에게도 많은 힘이 된다. 그런데 일기에 쓰거나 다른 누군가에게 감사의 마음을 말하기는 해도 정작 당사자에게는 잘 표현하지 않는다. 아버지가 친구들에게 아들 자랑을 하면서도 정작 아들 앞에서는 자랑스럽다고 표현하지 못하는 것과 같다. 그러니 아버지가 아들을 사랑한다는 것을 당사자인 아들은 모르거나, 심지어 아버지가 자신을 못마땅

해 한다고 생각하기도 한다. 아버지가 돌아가시고 난 후에야 다른 사람들 입을 통해 그 사랑을 전해 듣고 비통해 하는 아들들을 우리는 자주 본다. 참으로 안타깝지만 이미 기차는 떠나버렸다. 이 책을 읽는 독자들은 기회를 놓치는 일이 없기를 바란다.

나 스스로 인간관계를 중요하게 여기면서도 그들 한 사람 한 사람이 내게 어떤 의미인지 구체적으로 생각해 본 적이 없었다는 사실이 나도 놀랍다. 그래서 내 인생을 풍요롭게 해 준 사람들에게 진정한 감사를 전한 이번 기회는 그야말로 값진 경험이었다.

진실을 전하는 속 깊은 대화는 인간관계에서 없어서는 안 될 부분이다. 만남의 시간을 더욱 값지게 하는 것은 그때 나누었던 진정한 대화에 있다. 그런데 그런 순간에도 가장 중요한 말은 말하지 않고 마음속에 담아두고 만다. 나는 내 감사 여정을, 승자가 경기장을 한 바퀴 도는 '빅토리 랩 Victory lap'이라 불렀다. 이 말에는 온갖 감사와 축하의 의미가 담겨 있다.

농구의 아이콘, 마이클 조단은 은퇴하면서 팬들에 대한 감사 표시로 선수 시절 그가 뛰었던 경기장을 모두 다 한 번씩 찾아다녔다고 한다. 그렇다고 내가 지금 삶에서 은퇴하려는 것은 아니다. 요즘 나는 그 어느 때 보다도 건강 상태가 좋다. 내가 찾아다니는 사람들을 내 팬 정도로 인식하고 있는 것은 더더욱 아니다. 마이클 조단의 '빅토리 랩'과 내 여정의 공통점은 지금까지 삶을 탄탄하게 떠받쳐 준 사람들에게 깊은 감사의 마음을 전한다는 것이다. 그들이 없었다면 우리는 아무것도 이룰 수 없었기에.

이 여정을 계획대로 마치기 위해 실제로 여러 차례 여행을 다녔다. 기력이 남아 있을 때, 때가 늦어 기회를 잃기 전에 감사의 마음을 전하려 했다. 미루다가 둘 중 어느 한 쪽의 건강이 나빠지거나 갑자기 죽게 되면 어쩌랴. 그래서 하루빨리 그들이 내게 얼마나 중요한 사람이었는지 알려 주어야겠다고 판단했다. 후회하기 전에 감사를 표현해야 한다고 말이다.

『감사로 움직여라』가 탄생하기까지

감사 여정 계획을 실행으로 옮기는 데는 여러 요인이 작용했다. 첫 번째 요인은 부모님이 여러 번 겪으셨던 건강상의 위기였다. 어머니는 유방암을 두 차례나 앓으셨는데 내가 아홉 살 때 처음 발병하셨다. 아버지는 내가 열한 살 때 심장마비를 일으키셨다. 무사히 위기를 넘겼지만 내 나이 열일곱 살 때 다시 심장마비를 일으켜 큰 위기를 맞으셨다. 이런 과정을 겪으면서 인생이 얼마나 짧고 소중한가를 일찌감치 깨달았다. 쓰디썼지만 단맛도 있었던 선물이라고 해야 하나…….

어른이 된 후엔 삶과 죽음에 대해 깊은 고민을 했다. 지금도 이런 주제를 다룬 책에 끌린다. '감사 여정'의 아이디어는 미치 앨봄의 『모리와 함께한 화요일』과 최근에 읽은 랜디 포시의 『마지막 강의』, 유진 오켈리의 『인생이 내게 준 선물』 등의 영향이 컸다. 시간이 가기 전에 마음에 담아둔 생각과 느낌을 말로 표현해야 한다는 것이 이 책 세 권의 공통된 주제이다. 『모리와 함께한 화요일』에서 주인공 모리는 건강이 좋지 않은 노인이고, 다른 두 책의 작가들은 젊은 나이에 죽음을 앞두었다는 의사의 선고를 받는다. 이 책들의 요지는 분명하다. 죽음을 앞두면 대화는 진실해지고, 아내나 남편, 자녀, 가족, 친구, 또는 동료 같은 사랑하는 사람들에게 남기고 싶은 메시지는 의미심장해진다는 것이다. 그런데 이렇게 중요한 메시지를 왜 진작 알려 줄 수 없었을까, 하는 의문이 들었다. 왜 지금 알려 주면 안 될까? 왜 죽거나 죽음에 임박해서 후회하는 걸까? 이런 물음과 깨달음에서 탄생한 책이 바로 『감사로 움직여라』이다.

이 책을 쓰게 된 또 다른 배경은 NBC의 정치 시사평론가였던 팀 루서트의 갑작스런 사망 소식이었다. 그는 58세 밖에 안 된, 사회적으로 존경을 받고 있던 사람이었다. 대통령과 정치인, 직장 동료들 그리고 코미디언 심지어 록 스타들까지도 그의 죽음에 애도를 표했다. 그의 사망은 너무 갑작스러웠다. 그의 도움을 받거나 그를 지지하던 사람들은 고인이 자신들에게 어떤 의미였는지를 이야기해 줄 수 없었다.

장례식 추도사가 아무리 감동적이고 특별하다 한들 무슨 소용이 있는가. 자신이 세상에 얼마나 큰 영향을 끼쳤는지 알지 못한 채 삶을 마감하지 않는가. 실로 안타까운 일이다. 팀 루서트가 영향력 있는 사람이라서 조의 내용을 들어야 한다는 것은 아니다. 사람들은 다른 사람에게 감사의 말을 들을 때 비로소 자신의 가치를 느낀다. 나는 그것을 확신한다. 감사의 마음이 얼마나 큰 위력을 갖고 있는지 오래 전부터 깨닫고 있었다.

이 감사 여정을 계획하기 몇 년 전 내 생일에, 내 인생에 영향을 준 친구들의 명단을 간단히 정리해 본 적이 있다. 그들을 주말에 초대해서 지식을 쌓는 데 도움을 주고, 정서를 풍부하게 하고, 경제적으로 여유가 있도록 도와주었던 부분에 대해 고마움을 표시했다. 또 한 번은 세 달 동안 내가 베풀었던 감사의 행동들을 일지로 기록하며 그 의미를 살펴보기도 했다.

그러나 안타깝게도 나를 이 세상에 있게 해 준 두 분은 이미 이 세상 사람이 아니었고 그분들이 내게 어떤 의미였는지 알려 드릴 기회는 영영 사라졌다. 이런 깨달음은 내게 큰 충격이었고 더 이상 이처럼 후회하는 일이 없어야겠다고 다짐했다.

내 감사 목록에 있던 사람들이 내가 왜 그들을 사랑했고 왜 고마워했는지 확실하게 알게 되면 좋겠다는 것이 나의 간절한 바람이다. 그렇게만 된다면 마지막 대화를 마치고 나서 내가 갑자기 생을 마감하더라도, 아직 말하지 못한 것에 대해 후회하는 일은 없을 것이다.

감사 여정에서 꼭 필요한 것들

감사 여정은 실로 어마어마한 계획이었기에 실행에 옮기기 전에 먼저 아내의 동의와 지원이 필요했다. 이 계획에 대해 처음 말을 꺼냈을 때 아내 롤라는 내가 멘토나 코치로, 또 자선 활동을 하며 양로원과 고아원을 다니고, 운동하랴 여행하랴 그렇지 않아도 빡빡한 일정에 어떻게 사람들을 찾아다니겠냐며 진심으로 걱정해 주었다. 하지만 이 계획이 일 년 정도로 잡고 시작하는 일정이라고 하자 그녀는 그제야 비로소 흔쾌히 받아들여 주었고, 도움이 필요하다면 무슨 일이든 돕겠다며 힘을 실어 주었다.

이 감사 여정을 계획하며 방법에 대해서도 많은 고민을 했다. 먼저 찾아보고 싶은 사람들의 목록을 만들고 점검해 보니 소중한 사람들이 정말 많았다. 하지만 이 감사 여정의 리스트는 '내 인생을 변화시켜 준 사람들'을 중심으로 작성되었다. 돌아보니 여러 분야의 사람들이 내 인생에 영향을 주었다. 동업자, 건강이나 의료, 금융 분야의 조언자, 내 조언을 들어준 후배들, 내가 속한 단체 회원들, 그리고 사랑하는 친구들과 가족들……. 이들은 힘들 때 내 곁을 지켜 준 사람들이다. 이들은 내 인생의 항로를 안내해 주고 마음의 평화를 선사하였다.

이런 기준으로 목록을 정리하다 보니 마흔네 명이 추려졌다. 나도 놀랄 만큼 많은 수였다. 물론 대부분의 독자들보다는 내가 훨씬 오래 살긴 했지만……. 검소하게 살아가는 사람도 있었고 갑부도 두 사람이나 있었다. 스물여덟 살에서 여든일곱 살까지 연령대도 폭넓었다. 여자보다는 남자들이 더 많았고, 가족도 포함되었지만 대부분은 가족 이외의 사람이었다.

감사 여정에 대한 일반적인 반응으로 볼 때 "마흔네 명이라, 난 그 근처에도 못 가는데……."라고 생각하는 독자도 있을 것이다. 그런데 머리에 떠오른 사람이 딱 한 명뿐이라도 상관없다. 단 한 사람에게 고마움을 표현한다고 해도 여러분의 인생이나 상대방의 인생 모두 풍요로워질 것이다. 또한 이 책을 다 읽을 때쯤에는 분명 더 많은 사람이 떠오를 것임을 확신한다.

목록을 정리한 다음에 한 일은 마흔네 사람에게 뭐라고 말해야 할지를 결정하는 것이었다. 대화를 하면서 얻으려 했던 것이 뚜렷했기에 네 가지 기준을 세웠다.

첫째, 처음 만났을 때를 돌이켜 보는 것이다. 내 목록에 오른 사람들은 알고 지낸 지 평균 25년은 족히 된 사람들이었다. 17세 이전에 알았던 사람은 단 한 명, 형 레이밖엔 없으니 다 그 이후에 사귄 사람들이라는 사실이 놀라웠다. 어떤 사람들과는 40년 동안 알고 지냈고 대부분은 10년 이상이었다. 옛 친구들은 어떻게 만났는지 도무지 생각나지 않았다. 하지만 둘 중 한쪽은 기억하는 부분이 있을 것이니 두 사람의 기억들을 조각조각 짜 맞추다 보면 전체 그림이 나올 것이다. 이렇게 차근차근 시작하면 대화는 쉽게 풀릴 것이다.

둘째, 우리가 함께 겪은 경험들을 떠올려 보는 것이다. 추억에 잠기기 시작하면 대화가 자연스럽게 흘러가도록 그대로 두는 것이다. 어떤 틀을 만들고 싶지는 않았다. 과거를 더듬는 추억 여행은 진정한 기쁨이 되고 술술 풀리는 대화의 장이 되어야 하지 않겠는가.

셋째가 우리 만남의 핵심이다. "당신이 어떻게 내 인생에 큰 영향을 주었는지 확실하게 알려 주고, 진심으로 고맙다는 말을 하고 싶다."는 것. 만나는 한 사람 한 사람에게 구체적인 내용을 들어가며 정성껏 고마움을 표현했다. 신중하고 특별하게 관심을 쏟은 까닭에 마흔네 명의 사람들과의 만남은 무리 없이 이루어졌다. 감사를 표현하는 것은 "어두운 방에 전등을 켜는 것과 같다."고 한다. 필요한 모든 것은 이미 감사 표현 속에 있다. 그러니 나는 그저 불만 켜서 보여 주면 되는 것이다. 나의 감사 여정에 딱 들어맞는 말이다.

넷째, 만나는 사람들에게 몇 분 정도 시간을 주고 나에 대해 말하도록 한다. 나에 대해 갖고 있는 그들의 생각을 하나하나 맞춰보면 나에 대해서 더 잘 판단할 수 있고, 그 판단은 내가 그린 자화상보다 더 정확할 것이다. 한 사람 한 사람이 모자이크 조각 하나씩을 끼워 넣고, 그렇게 완성된 내 모습을 보며 진정 내가 어떤 사람이었는지 깨달을 수 있다. 그들이 나에 대해 말해 주는 것 자체가 지금의 나를 확인하고 미래의 나를 곧추세우는 특별한 의미가 될 것이다.

나는 내 목록에 오른 사람들을 만나거나 전화를 걸어 내 여정에 함께 해 줄 것을 청했다. 그들은 전국 각지에 살고 있어 지난 몇 년간 몇 번 만나지 못한 사람들도 있었다. 물론 만남의 횟수가 친한 정도를 대변하는 것은 아니다. 어디에 있건 시간 내어 그들을 찾아다닌다는 것만으로도 이 여정이 얼마나 중요한지 확실해졌다.

내가 만나고 싶다고 했을 때 사람들이 가장 많이 보였던 반응은 "무슨 일 있어요?"였다. 괜찮다고 대답해도 "정말 아무 일도 없어요?" 하며 재차 물어보았다. 친구들의 생각엔, 아니 사회 전체가 그렇지만, 이런 대화는 보통 죽기 직전에나 하기 때문이다.

만남을 준비하면서 모든 사람들에게 이메일을 보내 내가 정한 네 가지 기준을 알려 주었다. 몇 년 동안 회의 관련 일을 하면서 참석자들이 토론 주제에 대해 미리 알고, 준비하고 싶어 한다는 사실을 터득했기 때문이다. 내 전화에 의아하다는 반응을 보인 터라 만나기 전에 대화할 내용을 적어 보내 주면 할 얘기도 예측할 수 있고 미리 생각할 여유도 가질 수 있게 했다.

약속 장소도 조용한 곳으로 골랐다. 친구 집인 경우도 있었고 호텔 객실이나 내 사무실, 친구의 개인 사무실, 둘 중의 한 사람이 소속된 클럽의 한갓진 장소인 경우도 있었다. 그날 정한 네 가지 주제 이외에 허심탄회하게 이야기할 수 있는 시간을 좀 더 갖고 싶었다. 예를 들어 과거에 같이 골프를 친 적이 있다면 그 골프 얘기로 옮겨 갈 수 있다. 또한 오랜만에 만났으니 점심이나 저녁 식사 한 끼 정도는 같이 하면서 충분한 대화를 나눴다.

이 만남을 준비하면서 우리가 처음 만났던 때와 우리 사이가 돈독했던 때를 떠올리며 따로 메모를 적었다. 그러나 가장 중요한 것은 내 질문에 대한 대답을 항목별로 정리해 목록을 만드는 것이다. 예를 들면 '이 사람이 내 인생에 어떤 변화를 일으켰는가?'와 같은 질문이다. 목록에 올린 모든 사람과 이 과정을 거쳤다. 그리고 서로 만났을 때 그 정리 목록은 방해가 되기는커녕 오히려 하고 싶었던 말을 잊지 않게 기억을 떠올려 주는 역할을 했다. 그 순간에 푹 빠져 회상하고 즐기면 일이 훨씬 수월해졌다. 어떤 사람들은 직접 세밀하게 준비를 해 오기도 했다. 실제로 노트북 컴퓨터에 미리 기록해 온 것을 보여 준 친구도 있었다.

다만 만났을 때 나눈 말들을 일일이 글로 옮겨가며 대화하고 싶진 않았다. 우리가 함께 하는 순간을 온전하게 즐기고 싶었다. 그런데 한 친구가 우리 대화를 오디오에 녹음해 두는 것이 어떻겠냐고 제안했다. 미처 생각하지 못한 좋은 아이디어였다. 우리가 나눌 대화들은 분명 충분한 교감을 가지는, 소중한 이야기들이 되겠지만 모든 대화 내용을 낱낱이 다 기억할 수는 없지 않은가. 오디오는 대화를 방해하지 않으면서도 기록할 수 있는 적절하고도 좋은 도구였다.

대화를 시작하기 전 나는 상대방에게 먼저 오디오 녹음을 해도 좋은지 의향을 물어 보았다. 만났던 사람들 중 단 한 사람만이 처음에 주저하다 승낙했고 모두들 흔쾌히 허락했다. 그래서 소중한 우리의 만남을 기록하기 위해 소형 디지털 녹음기도 장만했다. 카메라도 챙겨가 우리가 함께한 시간을 사진으로 남겨두기로 했다.

여정의 첫발을 내딛다

내 친구들은 전국에 흩어져 살고 있었기 때문에 효율성과 경제적인 면을 고려하여 그룹별로 분류했다. 첫 번째 여행으로 조지아 주, 플로리다 주, 노스캐롤라이나 주에 사는 여섯 명의 옛 친구들을 만나기 위해 남동부 지방으로 날아갔다.

이 여행이 어떻게 전개될지 전혀 알 수 없었지만 첫 번째 여행을 시작하자 내가 제대로 하고 있다는 확신이 생겼다. 대화를 나누다 보니 나도, 친구도 함께 이 만남을 즐겼다는 것을 알고 기분이 좋았고, 나만큼이나 그들에게도 의미 있는 대화였다는 확신이 들었다. 우정과 인생을 풍요롭게 한다는 면에서, 그리고 깨달음의 차원에서 그 감사의 대화는 '내 인생에서 가장 놀랍고도 값진 8일간'이었다. 앞으로도 만나야 할 사람이 서른여덟 명이나 더 있다! 흥분과 기대로 가득 차 하루빨리 이 모험을 계속하고 싶었다. 그 이후 나는 열한 달 동안 미국 전역을 돌아다녔고 심지어 멕시코와 케냐로도 날아갔다. 단지 '감사의 대화'라는 목적만을 위해서!

이 여정이 얼마나 멋지고 근사했는지 말로 다 표현할 수 없다. 여정에 오를 때 어느 정도 보람은 있을 것이라 기대는 했지만 이 여정이 내 인생에 어떤 의미로 남을지 그때까지는 전혀 알지 못했다. 하지만 상상 외로 나 자신이 내면적으로 깊이 성숙되었을 뿐 아니라, 만난 사람들 모두 한결같이 마음의 큰 움직임을 경험했다고 고백하였다. 감사 여정은 나 자신 뿐만 아니라 만난 사람들 모두에게 감동의 울림을 선사하였다.

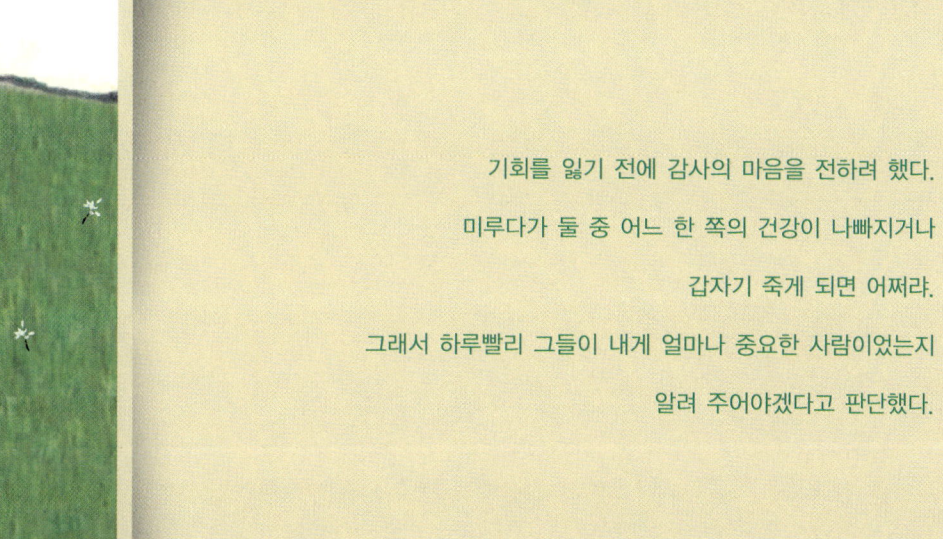

기회를 잃기 전에 감사의 마음을 전하려 했다.
미루다가 둘 중 어느 한 쪽의 건강이 나빠지거나
갑자기 죽게 되면 어쩌랴.
그래서 하루빨리 그들이 내게 얼마나 중요한 사람이었는지
알려 주어야겠다고 판단했다.

감사 여정에서 얻은 뜻밖의 선물

> 우리를 행복하게 해 주는 사람들에게 감사하자.
> 그들은 우리 마음을 꽃처럼
> 활짝 피어나게 하는 멋진 정원사가 아닌가.
>
> – 마르셀 프루스트

감사를 전하는 대화는 기대 이상의 수확

을 거두었다. 특별한 사람들을 어떻게 만났는지 반추해 보는 것만으로도 마음이 풍성해졌다. '존재 이유'를 일깨워 주었다고나 할까. 그것은 또한 많은 인간관계 속에서 뜻밖의 소중한 인연을 만들어 주었다.

과거를 더듬는 기억 여행은 그 자체로도 충분히 즐거웠지만 그동안 다져 온 관계를 더 견고하게 만드는 과정이기도 했다. 지난날 우리가 함께 해냈던 일, 힘들었던 일, 인상적이었던 일들을 하나하나 되새겨 보는 것은 큰 감동으로 다가왔다. 긴밀한 관계를 오래 유지할 수 있었던 것은 어렵고 힘들 때 서로에게 용기를 주며 함께 했던 바로 그 시간 덕분이었음을 깨달았다. 우리는 심각한 인생 문제를 밤새워 같이 고민했었다. 그런 순간이 없었다면 세월의 무게를 견딜 정도로 견고한 우정은 유지되지 못했을 것이다.

세월을 함께 했던 마흔네 명의 친구들을 한 사람씩 만나니 그들과 같은 공간에 있다는 사실만으로도 전율이 느껴졌다. 십 년이 넘도록 만나지 못하고 전화 연락만 주고받았던 네 명의 친구들은, 자주 못 만났어도 친했던 지난 시절이 전혀 바래지 않았음을 확인하고는 날듯이 기뻤다.

옛 친구들을 만날 때마다 나는 뜨겁게 포옹했다. 그 포옹은 오래도록 기억에 남았다. 대화를 나누고 함께 산책을 하거나 식사를 하기도 했다. 어떤 일을 하건 함께 하는 시간이 기쁘기만 했다. 서로에게 의미를 주었던 과거뿐 아니라, '감사의 대화' 속에 정서적으로 충분한 교감을 나누는 순간 역시 축복이었다. 근황에 관한 이야기도 나누었다. 다시 만날 수 있다면 좋겠지만 예측할 수 없는 우리의 미래에 언제 또 기회가 올지 알 수 없었다. 그러나 앞으로 어떤 일이 생기건 어느 누구도 우리가 나눈 특별한 날의 기억을 빼앗아 갈 수 없을 것이다.

여기까지의 성과는 계획 단계에서 이미 기대하고 있었던 바이다. 그러나 여정을 계속하면서 나는 큰 광맥을 발견할 수 있었다. 그것은 전혀 예상치 못했던 뜻밖의 보물이었다.

감사 여정을 마친 후 어느 모임에서 저녁 식사를 하며 이 이야기를 하게 되었다. 롤라와 내가 자리를 뜨려는데 한 친구가 질문할 게 더 있다며 나를 멈춰 세웠다. "그 여정에서 자네는 무엇을 얻었나?" 그가 물었다. "자네에게 여정은 어떤 의미였나?" 재차 묻는 그의 질문은 나 혼자 몰래 감추고 있는 보물을 어서 꺼내 보여 달라고 재촉하는 것 같았다. 그래서 나는 이번 여정의 의미에 대해 더 집요하게 파고들었다.

곰곰 생각해 보니 여정이 내게 가져다 준 첫 번째 보물은 마음의 평화였다. 여정 중에도 또 여정 후에도 전혀 예상치 못했던 변화였다. 더욱이 후에 나에게 급박한 위기가 닥쳤을 때조차도, 금세 마음의 평화를 얻을 수 있을 정도로 나는 변해 있었다.

두 번의 크루즈 여행 이야기

'44인과의 대화'를 마치고 이 책을 집필하기 전에 롤라와 카리브해로 크루즈 여행을 떠났다. 여행 중 큰 항구에 도착했을 때 나는 갑자기 가슴에 통증이 느껴져 그 배에 타고 있던 의사에게 진찰을 받았다. 비정상 심전도라는 진단이었다. 혈압도 정상보다 50% 이상 높았다. 아버지가 심장마비로 돌아가신 터라 그 전철을 밟는 것이 아닌가 싶어 나는 두려웠다. 더욱이 다음에 정박할 항구는 병원이나 공항이 없는 외딴 곳이라 빨리 결정을 내려야 했다. 우리는 황급히 배에서 내려 비행기를 타고 귀국하여 주치의에게 검사를 받았다. 다행히도 단순한 가슴 부위의 근육 통증이었다. 별 다른 치료 없이도 나을 수 있는 증상이었다.

크루즈 여행을 하다가 중도 하차한 것이 그때가 처음은 아니었다.

그보다 2년 전 롤라와 함께 100명 정도 지중해 단체 여행을 간 적이 있었다. 같은 지역 클럽 회원들이 기획한 여행이었다. 크루즈 여행을 떠난 지 며칠 만에 속이 영 불편했다. 처음엔 단순 소화 불량인 줄 알았는데 생명이 위험한 교액성 탈장이라는 진단을 받게 되었다. 지체할 시간 없이 바로 배에서 내려야 했다. 아무런 연고도, 의지할 곳도 없는 코르시카 섬이었다. 몸이 아프다는 것 외에도 외딴 섬에 내려야 한다는 사실 때문에 완전히 공황 상태에 빠졌다.

그런데 크루즈 여행을 함께 하던 친구 제프 스티플러가 부탁도 하지 않았는데 아내를 혼자 배에 둔 채 롤라와 나를 따라 배에서 내렸다. 그는 침착하면서도 유쾌함을 잃지 않은 채 우리가 해야 할 일을 차근차근 챙겨 주었다. 그는 내가 수술을 무사히 마칠 때까지 옆에서 지켜보고 있다가 바로 비행기를 타고 떠나 다음 기항지에서 아내와 만났다. 그 친구의 우정이 없었다면 내가 어떻게 그 공황 상태를 견뎌 낼 수 있었을지 알 수 없다. 지금 생각해도 고마운 마음에 가슴이 먹먹해진다.

그 당시 난 목숨을 잃을지도 모른다는 두려움에 어찌할 바를 몰랐다. 사랑하는 사람들에게 하고 싶은 말을 다하지 못했다는 사실이 뼈저리게 후회스러웠다.

첫 번째 크루즈 여행의 경험과 두 번째 크루즈 여행의 경험은 너무나 대조적이었다. 마치 '감성 방사선'을 쏘이기 전과 쏘인 후의 모습

같았다. 두 경우 모두 상황은 비슷했는데 나의 반응은 정반대였다. 감사 여정을 다녀온 후 가게 된 두 번째 크루즈 여행에서는 생사가 걸린 상황에서도 감정에 휘둘리지 않았다. 소중한 사람들에게 그들이 내 인생에 얼마나 중요했던가를 확실하게 알려 주었기에 마음이 편했다. 대화를 녹음까지 해 두었으니 나에게 안 좋은 일이 생기면 그 녹음을 들으면 된다는 생각이 들었다. 또 나에 대한 다른 사람들의 생각도 알게 되었으니 내 장례식에 먼저 가서 추도문을 다 듣고 온 듯한 기분이었다.

이러한 충만감은 감사 여정을 계획할 때만 해도 전혀 상상하지 못했던 것이다. 마음의 평화를 얻은 것만으로도 나의 감사 여정은 충분한 가치가 있다. 내가 일찍 삶을 마감할 수도 있다는 생각이 든 순간 이런 통찰력이 생긴 것이다.

다양한 분야의 전문가들이 인생의 마지막에 재정 상황 정리를 어떻게 할 것인가에 대한 여러 가지 방법을 책에서 알려 준다. 은행 계좌 번호와 보험 증권, 조언자 연락처 등을 기록해 놓은 파일이 언제 어떻게 사용될 것인지, 또 배우자가 그것을 어떻게 찾을 수 있는지 알려 준다. 나 또한 내게 무슨 일이 일어나면 누구에게 연락을 취할지, 내가 쓰던 것들이 어디 있는지를 아내에게 재차 확인시키곤 했다. 그러나 정신적인 면을 어떻게 정리할 것인가에 대해서는 생각해 보지 못했다. 물론 정신적인 면을 정리하는 것이 삶에 어떤 영향을 주는지도 전혀 알지 못했다. 감사의 여정에서 얻은 뜻밖의 보물은 이것 말고도 또 있었다.

'44인'과의 가슴 찡한 대화

여정은 내 목록의 '44인'을 중심으로 이루어졌다. 처음부터 큰 비중을 둔 것은 아니었지만 '네 번째 단계'로 나에 대해 간단하게 물어보는 절차가 있었다.

나는 이 단계를 거치면서 나를 완벽하게 파악하고 있는 사람과 대화하는 듯한 느낌을 받았다. 나를 이렇게 속속들이 알고 있는 사람을 다시는 만날 수 없을 것이란 생각에 이 기회를 최대한 활용해야 되겠다고 마음먹었다.

그래서 나는 몇 가지 질문을 미리 생각해 두었다. "지난 세월을 살아오면서 내가 배운 것은 무엇인가?", "나를 깨우친 고마운 사람들에게 나는 어떤 감동을 주었는가?"였다. 옛 친구들은 청년 시절 내가 어떤 사람이었는지, 내가 한 인간으로 어떻게 성장해 왔는지를 그대로 보여 주는 거울이었다. 나중에 그들과 대화한 녹음 내용을 들어 보니 내 인생의 하이라이트를 모아 놓은 구술 역사 같았다. 그들의 한 마디

한 마디는 '나는 누구인가?'라는 질문에 대한 답이었다. 엄청난 선물이 아닌가! 나 자신에 관해 알아봐야겠다는 목표를 세운 것도 아니었는데도 말이다.

우리는 모두 자신에 대해 어느 정도 알고 있다. 그래서 자신이 하는 일에 마음속으로 점수를 매겨 가며 자신을 지켜보게 된다. '내가 제대로 하고 있는 것일까?', '충분히 하고 싶었던 일을 이룬 것일까?' 하지만 스스로 매긴 점수표는 우리가 죽으면 함께 묻혀 버리지만, 다른 사람들이 우리에게 갖고 있는 생각은 그대로 남는다. 그러니 다른 사람들이 나를 어떻게 보는지 미리 알고 있으면 내가 죽은 후에 어떻게 기억될지 알 수 있지 않겠는가.

이것은 자아도취와는 거리가 멀다. 자신에 대해 아는 것은 중요하다. 다른 사람들의 성장에 내가 어떤 도움을 줄 수 있는지도 알 수 있다.

아들 조나단과 나누었던 가슴 찡한 대화가 잊혀지지 않는다. 조나단은, "수년 동안 아버지와 함께 생활해 왔지만 이처럼 깊게 얘기해 본 적은 한 번도 없었다."며 이런 기회를 고마워했다. 서로 닮은 점을 발견한 기쁨도 있었지만 서로 다른 점도 알 수 있었다.

함께 나누었던 시간이 모두 소중하고 특별하게 와 닿는 것은, 세월이 흘러도 아버지는 여전히 자신이 의지할 수 있는 사람이기 때문이라고 조나단은 말했다.

우리는 의식하지 못한 채 여러 일들을 하면서 산다. 하버드 경영대학원 조교수이자 '44인' 중의 한 명이기도 한 친구 스티븐 코프먼은 이렇게 술회했다. "내가 기억하지도 못하는 과거의 단순한 말과 행동이 다른 사람에게 감동을 주기도 한다네."

나는 재능 많고 친절한 물리 치료사인 조엘 리취와 대화를 나눠서 기뻤다. 조엘은 지난 15년 간 내 요통을 치료해 주고 예방해 준 물리 치료사다. 그는 내게 통증 없이 생활하는 기쁨을 안겨 준 친구였다.

고마운 마음을 전했더니 조엘은, 치료 도중 그에게 들려주었던 나의 경험담이 그의 인생 문제를 해결하는 데 큰 도움을 주었다고 말했다. 그래서 조엘은 정작 고마워해야 할 사람은 자신이라고 했다. 내가 조엘에게 치료받기 위해 찾아갔을 때마다 대부분 엎드려 있었는데 그 상태에서 나눈 대화에도 도움을 받았다니……. 어떤 상황, 어떤 위치나 장소에 상관없이 사람의 마음을 움직일 수 있다는 것도 감동이다.

또한 이 소중한 관계를 한데 엮고 있는 줄기는 앞으로 살아가면서 만들게 될 새로운 관계를 엮는 '기준'이 되었다. 새롭게 정립된 나의 기준이란, 충실함과 신뢰, 성실성, 공통된 가치, 깊은 대화 그리고 웃음을 함께 나눌 수 있는 힘 등이다. 그래서 나의 여정은 지난날을 되돌아보는 의식인 듯 보였지만 결국은 미래를 위한 것이었다.

감사는 행복의 원천

　여정 중에 나는 고마움을 표현하는 순간, 행복 지수도 올라간다는 사실을 알게 되었다. 과학적인 연구 결과도 이를 뒷받침해 준다. 조사 결과에 따르면, 남에게 인정받거나 높이 평가 받은 사람들이 존중받는 기분을 느끼지만, 그렇게 인정하고 칭찬하는 사람들 역시 어마어마한 혜택을 누린다고 한다. 이것이 바로 내가 증명하려는 부분이다.

　캘리포니아 다비스 대학에서는 '감사와 고마움에 관한 연구'라는 제목으로 감사 표현이 국민의 행복에 미치는 영향을 연구하였다. 연구 결과 이른바 '감사하는 기질'을 가진 사람들은 삶의 만족도나 생활의 활기, 낙천적인 성향이 높은 것으로 나타났다. 반면 우울증이나 스트레스 수치는 낮았다.

　또한 작가 소냐 류보머스키는 자신의 책 『행복해지는 법 *The How of Happiness*』에서 감사하는 마음이 행복감을 높여 준다는 예를 들었다. 그중에 이런 구절이 있다. "감사하는 마음은 사회적 유대감을 높여 주고 관계를 더 다져 주고 새로운 관계를 발전시킨다." 긍정 심리학 개념을 세운 마틴 셀리그먼 박사는 "감사의 마음을 표현하는 것은, 그 마음을 받는 사람이나 주는 사람 모두에게 영향을 미친다."고 밝혔다.

감사 여정을 다녀온 후 가게 된 두 번째 크루즈 여행에서는
생사가 걸린 상황에서도 감정에 휘둘리지 않았다.
소중한 사람들에게 그들이 내 인생에 얼마나 중요했던가를
확실하게 알려 주었기에 마음이 편했다.

감사의 만남은 서로에게 축복이다

친구마다 우리 마음속에 세상 하나씩을 만들어 준다.
그들이 없었다면 결코 태어나지 못했을 세상이다.

— 아나이스 닌

처음에 감사 여정은 솔직히 나를 위한 계획이었다. 친구들이 내게 어떤 의미였는지 전하는 것도 모두 나에게 주는 일종의 선물이었다. '고맙다'는 말이나 표현은 그들에게 주는 것이었지만 내 마음을 그들이 알고 있는지 확인하고 싶었다. '보답한다'기 보다는 베푸는 기쁨이 컸다.

사람들은 대부분 손수 만든 선물을 전하면 진정으로 고맙다고 말한다. 감사의 표현이야말로 직접 만든 선물 같은 것이 아닌가? 나의 감사 표현은 꼼꼼하게 미리 준비하고 포장한 선물이었다. 그 선물을 '나의 44인'에게 전하는 것은 큰 기쁨이었다.

그런데 재미있는 일이 일어났다. '빅토리 랩'을 돌면서 내가 흡족해했던 이 일을 상대방도 기쁘고 의미 있는 일로 여긴다는 점을 알게 되면서였다. 친구 존 갤스톤이 내게 말했다. "자네를 만나고 헤어질 때 자네처럼 나도 똑같이 기쁨에 충만했다네."

이 '빅토리 랩'에 참여한 사람들 대부분 강렬한 경험이었다고 한다. 행복했다, 존중받는 느낌이었다, 특별했다, 감동 받았다, 등과 같은 말을 듣고 또 들었다. 아래는 친구들의 진심 어린 반응을 그대로 모은 글이다.

"당신의 감사 여정은 인간관계의 모든 것을 보여 준 일대 사건이었어요. 저의 과거 일을 지금 이 시점에서 다시 듣게 되다니 전 참 운이 좋은 사람이에요. 참으로 저에겐 의미심장한 일이었고 저희 관계도 그만큼 더 풍요로워진 것 같아요."
— 조나단 그린

"당신이 내 인생에 빛을 비추어 주었군요. 내 인생이 생각보다 의미가 있었다는 생각이 듭니다."
— 앤드루 제노프

"경외심마저 느껴지는 이 계획에 저를 끼워 주시다니 정말 영광입니다. 저도 사랑하는 사람들에게 제 마음을 표현해야겠다는 생각이 드네요. 성큼성큼 앞서 나가시면서 우리가 따라야 할 청사진을 제시해 주셨어요."
— 크리스티 바워

"자네 여정에 함께 하게 되어 정말 영광이네. 우리가 알아 온 40년 세월이 다시 생생하게 살아나는군. 정말 행복하고 뿌듯하네."

— 제리 드시몬

감사해야 할 쪽은 자네가 아니라 나일세

감사의 선물로 관계가 더욱 견고해졌다는 것이 확실해졌다. 또한 이 여정이 다른 사람들에게도 보답할 기회를 주었다는 생각이 들었다. 대화하면서 친구들도 나에게 마음을 말해야겠다고 생각하기 시작했다. 이런 대화를 계획하지 않았다면 결코 들을 수 없었던 이야기였다. 의사 친구인 척 해일부룬은, 내가 자신에게 어떤 의미였는지 말해 주어 정말 기뻤다고 했다. 이 대화가 그런 '장'을 마련한 것이다.

다른 사람들에게서도 이와 비슷한 이야기를 들었다.

"감사해야 하는 쪽이 자네라고 생각하나? 성급하긴! 자네가 닦은 길이 아름다운 이유는 양방향 모두로 통해 있기 때문이네. 그 마흔네 명이 자네에게 고마움을 전할 기회를 주어 내가 자네에게 고맙다고 해야겠네."

– 토미 슐호프

"당신이 다른 사람들에게 어떤 의미였는지 말할 기회를 주는 것은 정말 큰 선물이죠. 그런 기회를 주셔서 정말 감사합니다."

– 빅키 피터슨

"수년 동안 당신에게서 배우고 감화 받은 것, 우리 우정이 얼마나 가치 있는지 말할 수 있어서 정말 뜻깊었어요. 글로 쓰자니 그동안 감사의 말씀을 드리지 못한 것이 죄송스러워 못 쓰겠더라구요."

– 앤디 포쉬

친구들이 나에 관한 이야기를 하게 된 것을 다행으로 여긴다는 것이 느껴졌다. 나에게 무슨 일이 생겨도 말하지 않은 것을 두고두고 후회하며 살지 않아도 되겠다며 기뻐했다. 그것이 다가 아니었다. 그들이 내게 어떤 의미였는지 듣고 난 후 그들이 자기 인식을 새롭게 하게 된 것이다. 자신이 다른 사람에게 좋은 영향을 주었다는 것을 충분히 느꼈다고 한다. '월터를 도운 일이 그렇게 의미 있었다면 앞으로도 다른 사람을 위해서 더 많은 일을 해야겠다.' 이렇게 말이다.

우리의 시간을 추억할 기념품

만남이 서로에게 어떤 의미가 있는지 알게 된 후 나는 만나는 사람들에게 확실한 기억 재생 장치를 주는 것이 좋겠다고 판단했다. 그래야 나의 '빅토리 랩'에 참여해 준 것을 내가 얼마나 고마워하고 있는지를 확실히 알릴 수 있을 것 같았다. 잘 보관해 두었다가 보고 싶을 때 꺼내 보면 좋겠다는 생각이 들어 함께 했던 시간을 추억할 기념품을 만들었다. 이 기념품은 '나의 44인'을 위한 것이었고 처음 계획과는 별개로 고심 끝에 만든 것이었다.

첫 번째, 만나는 사람마다 그 대화를 녹음하여 CD로 만들었다. 처음에 녹음을 하기로 한 것은 만나서 나누었던 이야기를 헤어지고 난 뒤, 다 기억하지 못할 것이란 우려에서였다. 이 소중한 대화를 친구들도 갖고 있으면 좋겠다는 바람에서 CD로 제작하기 시작했다.

CD를 받은 척 해일부른은 "보내 준 CD를 몇 번이나 들어 보았네. 얘기 나누었던 그날 오후처럼 옛일을 기억하며 깊은 감회에 젖게 되더군. 이 CD는 내게 소중한 물건이네."라고 말했다.

기념품 중 또 하나는 두 사람이 만나서 찍은 사진이었다. 사진을 볼 때마다 친구와 함께 했던 멋진 시간을 바로 떠올릴 수 있었다. 그래서 사진 한 장 한 장, 짧은 감사의 글을 손으로 적어 넣었다.

샌디에이고 음향 스튜디오에서 CD를 만들어 준 조 굿윈, 개별 사진과 CD 재킷 커버를 만들어 준 캐리 모건, 그리고 멋진 액자를 만들어 준 애이드리언 포트먼. 이들은 온 정성을 쏟아 특별한 기념품이 될 수 있도록 힘써 주었다. 이 여정을 이들도 함께 하는 것 같았다.

액자에 넣은 사진과 CD를 선물 포장했다. 거기에 일 년간의 여정이 내게 준 의미를 쓴 두 장의 편지를 함께 넣었다. '나의 44인' 모두 한 해가 저물기 하루, 이틀 전에 이 소포를 받게 되었다.

이 기념품을 받고 아주 만족스러워 했던 사람들은 사실 처음에 나의 감사 여정을 별로 달가워하지 않았던 친구들이었다.

에드거 쿨먼은 전화로 내 여정 계획을 들려주자 별로 내키지 않는다고 솔직하게 말했던 친구였다. 한 친구가 에드거에게 그 여정이 월터에게 의미 있는 일이니 도와주라고 설득하여 에드거는 겨우 생각을 바꾸었다. "친구에게 중요하다는데 그것도 못해 주면서 우정 운운할 수 있겠나?"

솔직한 에드거의 성격을 인정하면서도 그것이 우리 우정의 깊이를 여실히 보여 주고 있는 것이라 생각했다. 그랬던 에드거가 기념품을 받고, 좋다고 말해 주니 기쁨이 더했다. 심지어 "그 기념품을 우리 집 제일 특별한 장소에 걸어 두기로 했네."하고 에드거는 말했다.

이런 선물을 받기 위해 내가 그토록 애쓴 것이 아닐까? 내가 자주 조언을 해 주었던 리사 리고리는 예의 그 풍부한 감성으로 이렇게 말했다. "보내 주신 선물 어느 것 하나 귀하지 않은 것이 없었어요! 선물 하나 하나 의미가 담겨 있어요. 편지를 읽고 나니 '빅토리 랩'이 어떤 의미인지, 그 일에 참여한다는 것이 무슨 의미인지 느껴져 가슴 뭉클하더라구요. CD는 나에게 오래 기억될 특별한 선물입니다. 사진은 소중하게 간직할게요. 지인들에게 받은, 선물 소품들을 걸어 놓는 벽에 이 액자를 걸어 놓으니 볼 때마다 마음이 끌려요."

30여 명의 친구들이 보내 온 이메일 내용이 내가 보냈던 선물의 가치를 말해 주고 있다. 여기에 멋진 글귀 몇 편을 소개한다.

"액자에 넣은 사진, 오디오 디스크, 그리고 직접 쓴 메모까지, 당신이 보내 준 이 모든 것은 우리의 만남을 더욱 값지게 만든 멋진 기념품입니다. 이 마음의 선물로 우리 우정이 더욱 더 견고해진 듯 느껴집니다."
― 데니 데이비스

"우리 대화를 녹음한 CD와 기념 액자를 만들어 보내다니, 정말 훌륭합니다. 우리 두 사람 모두에게 소중한 경험이었다는 것이 더 강렬하게 느껴집니다."
― 엘렌 헤렌콜

"멋진 선물, 소포로 잘 받았습니다. 가족과 함께 뜯어보았어요. 월터! 정말 감동이었습니다. 이렇게 공을 들이시다니 그 의미가 더욱 깊어졌습니다. 이 기념품 소중히 간직하겠습니다."
― 앨런 글래처

"당신의 편지를 읽고 또 읽었습니다. 읽을 때마다 진실한 마음과 그 깊이에 놀라고 또 놀랐습니다. 우리 우정의 진수가 그대로 담겨 있었어요. 감사한 마음 두고두고 잊지 않겠습니다."
― 미첼 맥

아내 롤라와 두 아들 녀석에게 뭔가 색다른 일을 해 주고 싶어 '나의 44인'과의 대화를 모두 엮어 아이팟(iPod)에 다운 받아 주었다. 내용을 듣다 보면 한 사람이 한 조각씩 맞춰 드디어 큰 모자이크 그림 하나가 완성된다. 그야말로 내 유산의 진수라 할 수 있다.

이 소포를 부치는 것으로 나의 여정을 공식적으로 마무리하면서 잘 마쳤다는 성취감에 마음이 뿌듯했다. 기념품을 만들고 준비하는 일은 힘들고 돈도 많이 드는 작업이었다. 그러나 나는 그들과 나의 관계는 그보다 더 소중하다는 생각에 기꺼이 시간과 돈을 썼다.

모든 사람이 꼭 44인의 감사 명단을 만들어야 할 필요가 없듯이 모든 사람이 나처럼 선물을 준비할 필요는 없다. 중요한 것은 감사하는 마음과 그 마음으로 얻는 은혜가 아닌가.

마지막으로 내 선물에는 랜디 포시가 자신의 책『마지막 강의』에서 말한 대로, 축구에서 머리 움직임으로 상대를 속이는 것처럼 숨은 의도가 있었음을 밝힌다. 랜디 포시가 학생들에게 마지막 강의를 한 것은 자기 자녀들에게 보여줄 CD를 만들기 위한 목적이었다. 내가 이 CD를 만든 것은 '나의 44인'이 우리 대화를 내내 떠올리도록 하기 위해서였다. 그러나 이제 그들도 내가 감사의 표시로 보내 준 기념품을 사랑하는 사람과 나눌 수 있게 되었다. 나는 친구의 가족들도 함께 그 CD를 들어 보기를 진심으로 바란다. 내 인생을 변화시킨 사람들 어느 누구도 가족들을 위해 자기 목소리를 녹음해 남겨두는 경우는 없을 것 같기 때문이다.

사실 '나의 44인'과 감사의 마음을 주고받으며 느낀 기쁨에 마냥 흥분되기만 한 것은 아니다. 44인에 들지 않은 사람들을 생각하면 솔직히 마음이 괴롭다. 문득문득 그런 생각이 든다. '감사 목록에 올리지 않아 나중에 후회할 사람은 없을까?' 이 여정을 다녀오고 나서 다른 사람들에게 속마음을 털어놓는 것이 얼마나 중요한지, 그렇게 하지 않으면 나중에 얼마나 뼈저리게 후회하는지 깨닫게 되었다.

감사의 표현이야말로 직접 만든 선물 같은 것이 아닌가?
나의 감사 표현은 꼼꼼하게 미리 준비하고 포장한 선물이었다.
그 선물을 '나의 44인'에게 전하는 것은 큰 기쁨이었다.

머뭇거리면 후회가 따른다

무덤 앞에서
고통스럽게 회한의 눈물을 흘리는 것은,
못다 한 말과 행동 때문이다.
- 헤리엇 비처 스토

　　감사의 마음을 표현하는 것이 주고받는 사람 모두에게 도움이 된다면 '지금 바로' 실천에 옮기면 되지 않을까? 우리가 주저한다면 그것은 습관 때문이라 생각된다. 일례로 버지니아 주 조지 메이슨 대학교에서 최근에 실시한 연구에서 여성에 비해 남성들, 특히 나이 든 남성이 고마움을 잘 표현하지 않는 것으로 나타났다. 남성들이 어릴 때부터 감정을 억제하고 나약한 마음을 감추도록 사회화되었기 때문에 이러한 결과가 나온 것이라고 한다.

　　'나의 44인' 가운데 한 사람인 친구 로버트 쿠쉘은 이 부분을 명쾌하게 설명했다. "우리 모두 성장기에 양육 방법이나 성 역할 규정 때문에 상처받지 않았는가. 남자는 다른 남자에게 사랑한다는 말을 거의 하질 않았지. 우리 아버지도 내게 한 번도 사랑한단 말을 한 적이 없다네. 할아버지도 아버지에게 그런 말을 한 적이 없었거든."

　　지난 수십 년 간 가까이 지내던 친구 밥이 아들들을 격려하고 사랑하는 모습은 나의 귀감이 되었다. 어떻게 하면 부모와 자식 관계를 좋게 변화시킬 수 있는지 확실하게 보여 주었다. "부모로서 나는 표현 방법을 바꾸려고 노력했네. 아이들에게 내 감정을 그대로 보여 주는 거지. 하지만 아무리 노력해도 요즘 사람들처럼 솔직하게는 잘 안되더군." 밥은 멋쩍어 하며 말했다.

팀 루서트는 그의 책 『청소부 아버지 & 앵커맨 아들』에서 그의 아버지 '빅 루스'에게 감사 표현을 한 것이 아버지에게 어떤 감동을 주었는지, 그 뒤에 나온 책 『아버지의 지혜』에서 털어놓았다. "내가 가족과 함께 추수감사절을 지내고 공항으로 출발하려는데 아버지가 작별 인사를 하기 위해 다가오셨어요. 내가 기억하는 아버지의 모습은 나와 헤어질 때 악수를 하거나 어설프게 포옹하는 정도였지요. 그런데 이번에는 달랐어요. 아버지는 나를 힘껏 끌어안으시더니 다정하게 말씀하셨어요. '사랑한다, 얘야.' 생전 처음 들어보는 말이었어요. 그때 내 나이 쉰넷이었는데 아버지가 하실 말씀이라야 고작 '30년 전에 나도 이런 책을 썼더라면 좋았을 걸!' 이 정도 말씀이겠지, 그렇게 예상하고 있었거든요."

바라건대 부모님들이 이 이야기를 읽고 자식에 대한 속마음을 더 많이 표현하며 살아야겠단 생각이 들었으면 좋겠다. 그러면 아들딸들이 이런 내용의 책을 쓸 필요가 없지 않을까.

요즘에는 많은 사람들이 감정 표현에 그리 어색해 하지 않지만 우선순위에 문제가 있는 것은 아닐까 싶다. 다른 사람에게 감사 표현하는 것을 중요하게 여기지 않는 것이다. 꼭 감사 표현을 해야 할 분들에게조차 마찬가지이다. 너나없이 바쁘게 살다 보니 소중한 기회를 놓치고 살고 있다는 사실을 생각할 여유조차 없는 것이다.

내 조카 에릭 헤렌콜과 감사의 대화를 하고 난 후 조카는 이런 말을 했다. "요즘 너무 바빠서 부모님과 충분한 대화를 나누지 못했거든요. 그래서 아침에 눈을 뜨면 내게 묻곤 하죠. 자, 오늘 가장 먼저 해야 할 일이 뭐지? 생각이 잘 안 나면 할 일을 적은 노트를 들여다봅니다. 그리고는 순서대로 우선순위를 매기죠. '부모님을 찾아뵙고 부모님이 내게 왜 소중한지 말하기'를 1순위로 둡니다. 그래야 짬을 내어 실천하거든요." 실제로 그는 그대로 실행에 옮겼다. 그랬더니 그 자신이나 부모님 모두 뿌듯하고 충만한 느낌 속에 살게 되었다고 털어놓았다.

일반적으로 많은 사람들이 다른 사람을 칭찬하는 일을 중요하게 여기지 않는다. 사회 전체가 칭찬을 대수롭지 않게 생각하기 때문이다. 그러나 '일반적'이라는 말이 반드시 '건전하다'는 의미는 아니다. 많은 사람들이 당뇨병을 유발하거나 콜레스테롤 수치를 높이는 음식을 먹지만 그것이 건강한 생활은 아닌 것과 같다. 건강을 해치는 생활 방식이 무시무시한 죽음의 결과를 낳는 것처럼 감사 표현을 하지 못하면 평생 고통이 남는다. 그러므로 '일반적인' 일만 쫓다가 행동의 변화가 없으면 결국 마음에 지울 수 없는 고통이 남게 된다.

실천은 빠르면 빠를수록 좋다

내가 감사의 여정 이야기를 꺼내자마자 사람들은 온갖 후회와 회한 서린 경험을 쏟아내었다. 유럽의 한 대기업 최고경영자는 눈시울마저 붉어졌었다. 아마 내가 아픈 곳을 건드렸던 것 같다. 그가 처음 제조 공장을 세울 때 도와준 사람이 있었다고 했다. 그 사람의 도움이 없었다면 이 업계에 발을 디디지 못했을 거라고 했다. 몇 년 후 그 사람의 사업이 잘 안 된다는 소식을 전해 들었지만 다국적 기업의 기반을 잡느라 정신이 없어서 그 사람에게 연락하지 못했다고 한다. 결국 그 사람은 일찍 세상을 떴고 나중에 소식을 들은 그는 무심했던 스스로를 용서할 수 없었다.

수년간 나는 '젊은 기업인 모임'과 그들을 후원하는 '포럼' 회원이었다. 이 포럼에서 열 명 넘는 회원들은 매달 만나 네 시간씩 토론을 한다. 그 외에도 1년에 2~3일 정도 함께 여행을 하며 신뢰 속에 경험담이나 사업 이야기를 솔직하게 털어놓곤 했다.

25년 동안 나는 뉴욕 주 롱 아일랜드와 뉴욕 시 두 곳의 포럼에 동시에 참석했다. 이 포럼에서는 다른 사람에게 조언하며 도움을 주기도 하지만, 무엇보다도 나 자신의 개발에 큰 도움이 되었다.

롱 아일랜드 포럼에서 렌이란 사람을 만났다. 렌이 먼저 개인적으로 힘든 일을 털어놓자 다른 회원들도 한 사람씩 마음의 문을 열기 시작해서 점점 깊은 이야기를 나누게 되었다. 개인적으로 감사를 표하려고 나는 렌에게 편지를 보내 회원들이 솔직하게 마음을 터놓을 수 있도록 장을 마련해 주어서 고맙다고 전했다. "당신의 따뜻한 마음과 배려, 모임을 변화시킨 당신의 노고는 회원 모두에게 큰 선물이 되었습니다. 우리의 삶을 풍요롭게 하고 따뜻한 우정을 느끼게 해 주어 진심으로 감사드립니다."

그리고 나서 10년 후 그 포럼에서 한 사람씩 돌아가면서 기억에 남은 사람에 대해 얘기해 보자는 제안이 나왔다. 렌은 나를 지목하더니 "지난 9년 동안 월터의 편지를 소중히 간직해 왔다."고 말했다. 너무 놀라웠다. 그는 또 말로는 제대로 전하지 못할 것 같다며 편지를 써서 감사의 뜻을 전했다. 나 역시 지금까지 그때 받은 편지를 간직하고 있다. 렌은 편지에서 이렇게 술회했다. "제가 감정을 털어놓자 저를 부둥켜 안아 주셨지요. 무한한 사랑이 느껴지던 그 순간을 결코 잊지 못할 것입니다."

그 후 몇 년 뒤 렌은 치과에 가다가 심장마비로 급사하고 말았다. 그의 나이 54세였다. 남아 있는 우리 회원들이 할 수 있는 일은 이제 세상에 없는 한 남자를 기억하고 회상하는 일뿐이었다. 그러나 내겐 그와 주고받은 편지가 있었다. 그 편지 덕에 못다 한 말 때문에 고통스러워하는 일은 없으니 다행이다.

집 근처에 있는 아내 롤라의 사무실 벽에는 꽃을 찍은 사진에 손으로 감사 편지를 쓴 액자가 걸려 있다. 아들 제이슨이 열한 살 때 엄마에게 준 선물이다. 바로 그 옆에는 롤라의 언니 엘렌이 아버지가 돌아가신 후에 바친 아름다운 시도 액자에 끼워져 있다. 그 시는 정말 감동적이다. 하지만 이런 사랑의 표현을 장인어른이 살아 계실 때 했더라면 훨씬 의미 있지 않았을까?

그 두 액자를 보면 우리가 둘 중 어느 것을 선택해야 할지가 분명해진다. 나이에 상관없이 지금 이 순간 그 감사를 표현할 것인가. 아니면 사랑하는 사람이 죽은 후에 회한의 눈물을 흘릴 것인가.

작별하기엔 너무 이르다

일반적으로 누군가에게 감정을 표현하는 시간은 추도사를 낭독할 때다. 그러나 추도식이나 장례식이 잘 끝났다 해도 뭉클하고도 씁쓸한 마음이 남는다. 뭉클함은 서로 진심어린 말을 주고받았기 때문이고 씁쓸한 것은 돌아가신 분이 그 말을 들을 수 없기 때문이다.

내 친한 친구 게리 라이프가 57세에 췌장암으로 사망했을 때 촉박한 일정 때문에 장례식은 서둘러 치러졌다. 추도사를 낭독해 달라는 청을 받고 나는 진정 그에게 감동적인 헌사를 하고 싶었다. 게리가 오랜 투병 생활을 하는 동안 그와 많은 시간을 보낼 수 있어 그에게 진심으로 고맙다는 말을 할 기회가 많았다. 장례식에 참석한 대다수는 게리가 투병을 하며 힘겨운 날들을 보내는 동안 만나지 못했고 장례식에서도 추도사를 낭독할 기회가 없었다. 그들은 하고 싶었던 말을 못한 채 가슴에 묻어 두어야 하는 것이다.

내가 이 이야기를 꺼내는 것은 고든 캐리어라는 훌륭한 사람 때문이다. 운 좋게도 게리의 장례식 직전에 그를 만났다. 독특한 생각을 많이 하고 배려심이 많은 고든은 오디오와 비디오로 가까운 친구에게 바칠 헌사를 정성껏 준비했다. 게리를 마지막으로 보내는 특별한 의식을 위해 그가 보여 주었던 따뜻함, 열정, 헌신 덕택에 장례식은 감동적으로 치러졌다.

그 이후 고든과 나는 친해졌다. 감사를 전하면서 나는 고든에게 게리의 장례식에서 깊은 인상을 받았다고 말했다. 고든은 장례식에 참석한 것이 아니라 장례식을 주도했다. 그 점은 앞으로도 내내 고마울 것이다. 물론 그는 이미 세계적인 건축가이지만 그 장례식에서 보여준 마음과 진실성으로 그가 더 크게 보였다.

감사 여정을 다닐 때 나는 유명한 칼럼 기고가인 아트 부치월드에 관해 들었다. 만성 신장병을 앓고 있던 아트는 살 날이 얼마 남지 않았으니 주변을 정리하라는 얘기를 들었다. 그러나 그는 예상보다 더 오래 살았다. 작가였던 그는 시한부 선고를 받고도 『작별하기엔 너무 이르다 Too Soon to Say Goodbye』라는 책을 썼다.

아트는 자기 장례식에서 추도사를 낭독해 줄 사람을 물색해 놓았는데 방송기자인 탐 브로커와 마이크 월리스, 워싱턴 포스트의 편집자였던 벤 브래들리, 영화 제작자인 조지 스티븐스 주니어였다. 아트는 자신이 예상보다 오래 살자, 이 친구들에게 추도사를 미리 써 달라고 부탁했다. 자기 책에 덧붙일 생각이었다. 아트는 이렇게 말했다. "내가 죽은 뒤에 사람들 기억 속에 남는 것도 좋겠지만, 그들의 말을 지금 읽어 보고 싶었지요. 자기 추도사를 들을 수 있는 사람이 세상에 몇이나 되겠어요?"

아트는 실제로 옛 친구들의 추도사를 읽었다. 그 추도사를 쓴 친구들도 마찬가지로 아트가 그것을 직접 듣는다는 사실에 기뻐하고 안도했다.

중요한 것은 아트 부치월드의 가족과 친척, 친구들은 그가 세상을 떠나기 전에 그에게 하고 싶었던 말을 모두 할 기회를 누렸다는 사실이다. 그러나 안타깝게도 내 친구 렌은 그런 기회를 갖지 못했다. 그래서 렌을 사랑했던 사람들은 상실감에 빠질 수밖에 없었다.
"지금 이 순간 기회를 잡아야 후회의 고통을 겪지 않는다."
나의 감사 여정에서 이보다 더 중요한 것은 없다.

부치지 못한 편지, 못다 한 말들

나의 회한은 돌아가신 부모님께 고마운 마음을 표현하지 못한 것이다. 내가 얼마나 감사하고 있었는지를 알려 드렸다면 좋았을 텐데……. 열일곱 살에 아버지가 돌아가셨기에 아버지와 많은 것을 나눌 기회가 없었다. 고마움도 표현하지 못했다. "열일곱 살짜리가 그런 상황에서 무슨 말을 할지 어떻게 알았겠어?"라며 변명하고 싶지만, 내 아들은 열한 살에 엄마에게 편지를 썼다는 사실을 떠올리면 혼자 머쓱해진다.

반면 어머니는 서른일곱과 일흔여덟에 생명을 위협하는 유방암을 이겨 내고 아흔셋까지 사셨다. 대단한 축복이다. 어머니의 인생 이야기를 육성으로 남겨 두고 싶어 어머니가 여든 되던 해에 인터뷰 형식으로 이야기한 것을 녹음해 두고 20페이지 가량의 자서전도 만들었다. 어머니가 세상을 떠나시기 두 달 전에는 어머니와 시간을 보내기도 했다.

하지만 그 당시에도 감사 표현이 얼마나 중요한지 미처 깨닫지 못했다. 느끼고는 계셨지만 내가 얼마나 어머니를 사랑하고 존경했는지 나를 위해 해 주신 모든 것에 얼마나 감사하는지 말씀드리지는 못했다. 그것이 못내 아쉬웠다.

자식들에게 부모님은 큰 영향을 끼친다. 부모님이 살아 계신 행운아들은 이제라도 부모님께 고마운 마음을 표현해 보자. 여러분들이 부모님의 고마움을 되새기고 감사의 대화를 나누는 데 도움이 되고 싶다. 편지를 쓰는 것도 살아 계실 때 했더라면 이토록 마음 허전하지는 않았을 것이다. 이런 생각을 글로 옮겨 적는 일은 마치 끊어진 전화통을 붙들고 혼자 이야기하는 느낌이다.

지금도 마찬가지지만 그 시절엔 아들딸들이 부모에게 감사 표현하는 일은 흔하지 않았다. 그런 시절에 부모님께 감사 표현을 했더라면 더욱 가슴에 절절히 와 닿았을 텐데…….

이제 부모님이 모두 돌아가셨으니 내가 할 수 있는 일은 두 분의 눈과 얼굴에 드러나던 표정, 두 분과 있을 때의 포근한 느낌, 안아 주실 때의 따뜻함, 어린 내게 감동하는 모습을 떠올리는 수밖엔 없다. 이런 선물을 부모님께 드릴 수 없다는 것이 너무나 애석하다.

마음속에 살아 계신 아버지

아버지는 보통 아들의 인생에 절대적인 영향을 미친다.

아버지가 젊은 나이에 세상을 떠나시자 나는 큰 상실감이 들었다. 살아 계실 때 아버지와 대화를 많이 나누지 못해서 기억에 남아 있는 것이 별로 없었다. 아버지는 다른 사람들과는 말씀을 많이 하셨으면서도 레이 형이나 나하고는 그렇지 못했다.

말 타기를 좋아하셨던 아버지는 애디론댁 산맥을 여행하시다가 그곳에서 전 재산을 걸고 관광용 목장을 개발하셨다. 그러나 삼 년 동안 일군 목장이 갑작스런 태풍에 쓸려 가, 우리 가족은 거지 신세가 되었다. 아버지는 가족을 부양하고 굳건한 바위처럼 집안의 자리를 지키는 가장의 역할을 제대로 할 수 없었다.

아버지가 돌아가신 후 몇 년 동안 가족이나 친구들 어느 누구와도 아버지에 대해 말을 꺼내지 못했다.

세월이 흐른 후 포럼에서 부모님 얘기가 나왔을 때 비로소 내 생각을 솔직하게 털어놓을 수 있었다. 아버지가 돌아가신 지 30년이 지났을 때인데 내 기억에 남아 있는 것은 아버지가 언제 돌아가실지 모른다는 두려움 속에서 아버지의 죽음을 앞당기는 일은 절대 하지 말아야 한다는 강박증이었다.

10대 때 형성된 아버지에 대한 나의 생각은 그대로 굳어져 버렸다.

그 후에 세월이 흘러 아들과 내가 얼마나 가깝게 지내고 있는지 비교해 보았다. 그러면서 시대가 많이 변했다는 생각은 미처 못했다. 내가 어렸을 때는 어느 아버지나 지금처럼 아이들과 소통하며 지내지 않았던 것이다.

이렇게 시대에 대한 이해를 새롭게 하니 아버지에 대한 기억도 바뀌었다. 오랜 세월 아버지가 어떤 사람이었는지, 아버지가 내게 어떤 영향을 미쳤는지에 대해 알려 하지 않았다. 지금에 와서야 비로소 아버지에게 한 발짝 다가선 느낌이다.

사랑하는 아버지께,

아버지, 저는 아버지와 함께 더 많은 시간을 보내고 싶었습니다. 언제 함께 공놀이를 했는지 기억조차 나지 않네요. 이제 세월이 흘러 두 아이의 아버지가 되고 보니 새삼 아버지 세대와 견주어 보게 됩니다. 얼마나 불공평한 일입니까. 사실 그 당시에는 불공평하다 생각할 여유도 없었지요.

잭슨빌에 마이너리그 야구 팀이 있었지요. 아버지와 함께 몇 번 경기를 보러 갔었던 것을 지금도 잊을 수가 없습니다. 전 별로 스포츠를 좋아하지 않았지만 아버지와 함께 있는 것만으로도 좋았고 아버지를 저 혼자 독차지할 수 있어 좋았어요. 우리 둘 다 19세 흑인 미국 선수가 홈런을 쳐서 승리하는 모습을 보며 흥분했었지요. 세월이 흘러 샌프란시스코에서 아들 녀석과 함께 야구 경기를 보러 갔을 때 정말 가슴 뭉클했습니다. 중앙 게시판에 역사상 최고의 기록을 올린 홈런 타자들의 이름이 올라와 있는데 그곳에 우리가 함께 보았던 바로 그 선수의 이름이 있었어요. 바로 행크 아론이었지요. 아버지, 당신과 함께 했던 그 특별한 시간이 생각나 눈시울을 붉히고 말았습니다.

또 기억나는 것이 있어요. 야구 경기 이후 밤에 출출한 생각이 나면 식당에 함께 가곤 했었지요. 어느 날 밤, 아버지 회사 직원 두 사람이 그 식당에서 식사하고 있는 모습을 보시더니 웨이터를 부르셨지요. 그 두 사람 식사비를 대신 지불하겠다고요. 지금도 제가 기쁘게 봉사 활동을 할 수 있는 것은, 그날 밤 그 직원들의 눈빛에 서려 있던 아버지에 대한 고마운 마음을 읽었기 때문입니다.

아버지가 돌아가신 후 친구 분들이 그러시더군요. 아버지는 인생에서 많은 것을 이루려 애쓰셨고 늘 도덕적으로 사셨다고요. "자네 아버지는 훌륭한 사람이셨네." 이 한 마디로 아버지의 삶의 가치를 온전하게 느낄 수 있었습니다.

아버지, 아버지가 일찍 돌아가실 것 같다는 생각에 저는 빨리 어른이 되어 버렸어요. 비록 제가 선택한 삶은 아니지만 그것은 여러모로 제게 도움이 되었습니다. 무엇이든 집중하게 되었고, 목적의식이 뚜렷해졌고, 하루하루 주어진 날들을 고맙게 여겼습니다. 인생은 어떤 패를 쥐었는가가 아니라 쥔 패를 어떻게 사용하는가에 달려 있다는 사실을 생생하게 깨닫게 해 줍니다. 제 인생에 이렇게 깊은 영향을 준 사람이 또 있을까요!

고이 잠드소서. 아버지를 잃은 상실감으로 가슴 한 켠은 늘 허전하지만 아버님은 언제나 제 마음속에 살아 계십니다.

크고 깊은 사랑의 어머니

아버지 건강이 좋지 않았기 때문에 어머니는 호구지책으로 40대 후반에 부동산업에 뛰어 들어 80세까지 운영하셨다.

어머니는 10대 때부터 책을 많이 읽으셨다. 열아홉에는 헌터 컬리지를 졸업하고 12년간 교편을 잡으셨다. 평생토록 읽으신 책이 족히 8,000권은 될 것이다.

어머니의 삶은 여러 면에서 고달팠다. 아버지가 새로운 사업에 뛰어들었다가 실패하여 재정 파탄의 위기를 넘겨야 했으며 서른일곱의 나이에 여섯 살, 일곱 살 된 두 아들을 키우면서 그 힘든 근치유방절제술까지 겪어야 했다.

또 아버지가 돌아가시고 재혼하셨던 모리스 박사님마저 돌아가시며 어머니는 두 남편의 죽음을 잇달아 맞아야 했다.

그러나 어머니는 본인의 삶을 비관한 적이 없었다. 하루하루 주어진 삶에 감사하며 크고 깊은 사랑을 자식들에게 나눠 주셨다.

사랑하는 어머니께,

제가 성장할 때 집안 살림이 최악이었음에도 어머니는 저희가 제대로 생활할 수 있도록 지켜 주셨어요. 아버지가 돌아가셨을 때 남겨진 재산은 거의 없었지요. 제가 다니던 미시간 대학은 플로리다 대학보다 학비가 세 배나 비싼 곳이었어요. 미시간 대학을 다닐 만큼 돈이 있냐고 제가 물었을 때 어머님은 눈 하나 꿈쩍하지 않으셨지요. 학비 걱정조차 안 하게 해 주셨어요. 어머니 한 몸을 희생해서라도 아들에게 최고만을 해 주려 하셨지요. 나중에야 알았습니다. 저를 대학 공부시키기 위해 얼마 되지 않는 재산 대부분을 처분하셨다는 것을요. 대학 생활을 경험했기에 제 인생은 완전히 변할 수 있었습니다. 자식이 그런 기회를 잡을 수 있도록 해 주신 어머니의 희생을 결코 잊지 않을 것입니다.

어머님은 또 젊은 시절을 보람 있게 보내라며 세계 여행도 보내 주셨지요. 그 여행의 추억은 제 일기장과 사진첩에 고스란히 담겨 있지요. 제가 지금 이렇게 여행을 좋아하는 것도 견문을 넓혀 주고 흥미로운 경험을 많이 할 수 있도록 해 주신 어머님 덕분입니다.

책에 열정을 쏟으시는 어머니의 모습도 참으로 자랑스러웠습니다. 그해 최고 도서와 읽어볼 만한 책 중에

서 75편을 고르는 연간 서평 목록은 많은 사람들이 참고하는 좋은 자료가 되었지요. 저는 그 서평에 돈을 지불해야 한다고 주장했지요. 독자들이 그 돈을 기꺼이 지불한 것은, 어머니께서 그 소득 전액을 자원봉사를 하고 있던 사우스 사이드 공공 도서관에 기부하셨기 때문이지요. 이 도서관은 그 기부금으로 더 많은 도서를 구입할 수 있었고, 또 어머니는 그 책들을 읽고 서평을 쓰셨지요. 선행은 이렇게 계속 돌고 돌았습니다.

몇 년 동안 어머님이 도서관에서 봉사도 하고 경제적인 도움도 주었던 일은 정말 기쁘고 보람이 컸습니다. 오늘날까지 제가 자선 활동을 하며 살도록 한, 마음의 토양이 되었습니다.

어머님이 모리스 마이어스 박사님과 재혼하셨을 때 레이 형과 저는 정말 기뻤습니다. 모리스 박사님은 어머니를 진정으로 사랑하셨고 어머님 또한 박사님과 더없이 행복하셨지요. 그러나 인생에서 넘어야 할 산이 아직 남아 있었던 것일까요, 재혼한 지 6년 만에 모리스 박사님은 몸져누우시더니 급기야는 다리를 움직일 수도 말을 할 수도 없게 되셨지요. 그 이후 시간제 간호사의 도움을 받으며 9년 반 동안 집에서 손수 박사님을 돌보셨지요. 배우자에게 충실했던 어머니는 제게, 사람에게 충실해야 한다는 가르침을 주셨습니다.

어머님은 여태껏 희생했다는 투의 말씀을 하신 적이 한 번도 없으셨지요. 어머님의 자서전에 이런 구절이 있더군요. "내게 주어진 하루하루를 사랑한다. 그렇게 멋진 삶을 주시고 맘껏 향유할 수 있는 축복을 주신 데 대해 하나님께 감사한다."

아흔 셋의 고령에 영예로운 상을 받으셨을 때 저는 어머니가 무척 자랑스러워서 온몸에 전율을 느꼈습니다. 잭슨빌을 떠나시기 바로 전날 상을 받으시고 바로 다음 날 레이 형과 조안 형수님이 살고 있는 보스턴으로 떠나셨어요. 그리고 그곳에서 생애 마지막 두 달을 보내셨지요. 어머님이 돌아가시고 나서 '올해 최고 자원봉사자'로 선정되셨는데, '실비아의 연간 서평'을 팔아 생긴 수익금 수천 달러를 모두 도서관에 기부하신 것을 기리는 상이었습니다. 어머님이 살아 계실 때 『감사로 움직여라』가 출판되었다면 어머님이 얼마나 기뻐하셨을지 눈에 선합니다! 제 책이 어머님 서평 제1호가 되지 않았을까요!

어머님은 사랑과 헌신, 충실함과 박애 정신을 저희에게 남겨 주셨지요. 여행과 책과 가족에 대한 사랑은 제 마음속에 새겨져 삶을 이끄는 등불이 되었습니다. 아들에게 그렇게 큰 사랑을 준 어머니는 이 세상에 다시 없을 것입니다.

자식들에게 **부모님**은 큰 영향을 끼친다. 부모님이 살아 계신 행운아들은 이제라도 부모님께 **고마운 마음**을 표현해 보자. 여러분들이 부모님의 고마움을 되새기고 **감사의 대화**를 나누는 데 도움이 되고 싶다. 편지를 쓰는 것도 살아 계실 때 했더라면 이토록 마음 허전하지는 않았을 것이다. 이런 생각을 글로 옮겨 적는 일은 마치 끊어진 전화통을 붙들고 혼자 이야기하는 느낌이다.

롤라의 사무실 벽에는 꽃을 찍은 사진에 손으로 감사 편지를 쓴 액자가
걸려 있다. 아들 제이슨이 열한 살 때 엄마에게 준 선물이다. 바로 그 옆에는
롤라의 언니 엘렌이 아버지가 돌아가신 후에 바친 아름다운 시도 액자에
끼워져 있다. 그 시는 정말 감동적이다. 하지만 이런 사랑의 표현을
장인어른이 살아 계실 때 했더라면 훨씬 의미 있지 않았을까?
그 두 액자를 보면 우리가 둘 중 어느 것을 선택해야 할지가 분명해진다.
나이에 상관없이 지금 이 순간 그 감사를 표현할 것인가,
아니면 사랑하는 사람이 죽은 후에 회한의 눈물을 흘릴 것인가.

2. 인생의 갈림길에서 만난 44인

인생의 싹을 틔우기까지

> 고마움을 느끼고도 표현하지 않는 것은,
> 선물을 포장만 해 놓고
> 주지 않는 것과 같다.
> - 윌리엄 아서 워드

내 인생은 세 단계로 뚜렷이 구분된다. 처음 29년간은 모든 면에서 변화의 연속이었다. 그 이후 29년간은 인생 기반을 다지던 시기였다. 현재는 뿌렸던 씨를 거두는 수확기라 하겠다. 다른 사람의 삶을 변화시키는 일에 관심을 갖는 시기이기도 하다.

44인과의 감사 대화도 이 같은 세 단계로 구분 지었다.

먼저 인격이 형성되는 인생 전반기는 악전고투의 연속이었다. 상실감은 컸지만 몸과 마음이 성장하는 계기가 되었다. 키 크고 잘 생긴 오스트리아 이민자였던 아버지가 고기 도축업을 그대로 하셨더라면 지금 내 인생이 어떻게 되었을지 궁금하다. 그러나 내 인생 카드에 그런 패는 들어 있지 않았다. 아버지가 관광용 목장을 날리셨던 까닭에 가족 모두 힘겨운 시절을 보내야 했다. 그 당시 레이 형은 네 살, 나는 세 살이었다. 뉴욕 시에 있던 방 두 칸짜리 할아버지 댁으로 이사해서 지냈는데, 가족 모두 고역이었고 특히 어머니의 고생은 이루 말할 수 없었다. 형편이 조금 풀리자 또 이사를 했다. 하지만 부모님 형편에 구할 수 있는 집은 고작해야 뉴저지 엘리자베스의 허름한 아파트였다. 조건이 조금 좋다 싶으면 바로 직장을 옮기시던 아버지 덕에 우리는 거의 2년마다 이사를 다녔다. 처음에는 뉴욕 주의 올버니로 그 다음은 스키넥터디 도시로. 친구를 사귈 만하면 이사 가고 사귈 만하면 또 이사 가야 하는 현실이 참으로 고통스러웠다. 게다가 아홉 살 무렵 어머니가 암으로 수술 받게 되었다는 소식을 들었을 때는 하늘이 무너지는 것 같았다. 근치유방절제술을 받으신 어머니에겐 5년이 고비였다. 바위처럼 우리 가족을 든든하게 떠받치고 계시던 어머니를 가슴 졸이며 지켜보던 그 시기는 가족 모두에게 공포의 나날이었다. 그것도 부족했던 걸까? 열한 살 때 아버지마저 심장 마비를 일으키셨다. 몇 해 동안 형과 나는 아버지 심장 마비가 재발되지 않을까 노심초사하면서 여느 집 형제들처럼 서로 투닥거리지도 못하고 지냈다.

아버지나 어머니 중 한 분을 아니 두 분 모두 잃을지도 모른다는 두려움에 나는 신문 배달, 아기 돌보기, 골프 캐디, 눈 치우기 등 온갖 일을 다했다. 불행 중 다행으로 키가 커서 또래보다 서너 살은 더 많아 보였던 나는 쉽게 아르바이트를 구할 수 있었다.

그러다가 아버지 건강을 위해 멀리 플로리다로 이사를 해야 했다. 처음엔 코럴 게이블즈에, 그 다음엔 잭슨빌에 둥지를 틀었다. 고등학교 1학년이었던 나는 방과 후나 토요일, 여름방학 때 여성용 구두를 팔면서 돈을 벌고 저축도 했다. 그러면서 먹고 살아갈 수는 있을 것이란 자신감이 조금씩 생겼다. 빨리 어른이 된 것이다.

여러 번의 이사와 아버지의 건강 악화, 때 이른 돈벌이 등은 나를 성숙하게 만들었다. 그래서인지 나는 교내의 인기 있던 동아리 회장으로 선출되었다. 생전 처음 맡아보는 리더 역할이었다. 나는 이곳에서 내 인생을 변화시켜 줄 첫 인물을 만나게 된다.

인격 형성에 영향을 준 사람

인격 형성기에는 삶의 방향을 완전히 변화시키는 사람을 만날 경우가 종종 있다. 친구나 지인 혹은 우연하게 만난 사람이 인생에 영향을 미치기도 한다. 그래서 우리는 '그가 아니었다면, 혹은 그녀가 아니었다면…….' 하고 회상하게 된다. 그러면서도 바쁜 일상에 쫓겨 살다 보면 영향을 준 사람에게 연락 한 번 못하고 지내기도 한다.

고마운 사람이 어디에 있는지 찾는 일은 기쁜 일이 아닌가! 지금처럼 최첨단 통신 기술 시대에 고마운 사람을 찾는 일은 과히 어렵지 않다. 다행스럽게도 나는 인생을 변화시켜 준 사람들과 계속 관계를 유지해 왔다.

인생의 진로를 바꿔 준 선배

고등학교를 졸업하고 나는 플로리다 대학에 입학할 예정이었다. 그런데 미시간 대학 4학년생이던 해리 게인즈를 만나 진학 결정을 바꾸고 내 삶도 완전히 달라졌다. 해리 게인즈는 미시간 대학에 입학하면 훨씬 좋은 교육을 받을 수 있다고 나를 설득했다. 입학 허가가 나고 몇 달 뒤 신입생이 된 나는 해리 게인즈 선배와 함께 앤 아버에 있는 캠퍼스로 갔다. 한 번도 가본 적 없는 아주 먼 곳이었다. 해리 선배는 남학생 사교 클럽을 추천하면서 그 클럽에 가입하라고 권했다. 미시간 대학을 선택하고 남학생 클럽에 든 것, 이 두 가지는 내 인생의 중요한 사건이었다. 해리 선배와의 특별한 관계는 오래도록 이어졌다. 우리는 서로 필요할 때 도와주며 시간을 함께 보냈다.

내 인생에 많은 영향을 주었던 선배! 선배의 추천으로 미시간 대학교에 입학한 것도 남학생 사교 클럽에도 가입한 것도 제 인생의 큰 사건이었어요. 그뿐 아니라 대학 졸업 이후 내 인생에 큰 변화가 생길 때마다 언제나 선배가 곁에 있었지요. 어느 누구도 인생에서 그렇게 좋은 사람을 만나기 쉽지 않을 겁니다.
선배는 늘 저를 이끌어 주고 격려해 주셨지요. 믿음직한 가르침을 주었고 최고의 것을 제게 주셨지요. 어떤 위기가 온다 해도 선배가 곁에 있다는 생각만으로도 제게 큰 힘이 되었지요. 선배는 가보지 못한 곳에도 데려가 주셨고, 언젠가는 얻어맞은 나를 인사불성이 되지 않도록 보호해 주기도 하셨지요.

굴곡 많았던 나의 삶을 선배만큼 많이 봐 온 사람은 없을 것입니다. 선배와 보냈던 그 많은 시간들, 그 즐거웠던 순간들이 정말 제겐 소중합니다. 힘든 시절에 선배가 해 주었던 조언과 위안, 격려는 평생을 두고 잊지 못할 것입니다. 그 시절을 제가 조금이라도 편하게 지낼 수 있었던 것은 모두 선배 덕분이었습니다. 고맙습니다.

1학년이 된 지 석 달 정도 되었을 때 아버지가 편찮으시다는 전화를 받았다. 그러나 집으로 간 그날, 나는 다시 학교로 돌아왔다. 아버지가 이미 숨을 거두신 후였기 때문이다. 내게 드리워져 있던 두려움이 현실이 되어 버렸다. 슬픔과 상실감을 어머님 혼자 감당하게 둔 채 어머니에게 등 떠밀려 돌아서던 현실은 정말 처절했다.

그렇게 힘들던 시절, 해리 선배는 늘 곁에서 위로하고 격려해 주며 내 인생의 길잡이가 되어 주었다. 나의 젊은 시절, 인생의 고비를 넘어야 할 때마다 그렇게 좋은 사람을 만날 수 있었다는 것은 정말 큰 행운이다.

대학교 3학년 때 나는 남학생 클럽의 회장으로 선출되었다. 좋은 몸집과 큰 키, 업무 수행 능력, 아버지의 죽음을 겪으면서 배운 대처 능력 등이 회장 선출에 도움이 되었다. 고등학교 때 클럽을 이끌어 본 경험도 일조했다. 뛰어난 사람들이 모인 단체에서 회장을 맡아 리더십도 키우고 많은 것들을 배웠다.

나는 회계학 전공으로 경영학 학사 학위를 받고 졸업했다. 그 이후 사우스 캐롤라이나 주, 컬럼비아의 포트 잭슨에서 6개월간 군대 생활을 하였다. 제대 후 잭슨빌로 돌아갈 가능성이 컸지만 나는 남학생 클럽 회원의 아버지가 사장인 회사에 취직하는 길을 택했다. 피츠버그에서 수집한 산업용 직물을 팔기 위해 차에 물건들을 싣고 다니다가 현지 YMCA(기독교 청년회)에서 낯선 여행객 세 명과 하룻밤을 묵곤 했다. 하지만 이 일은 내게 도움이 되지 못했고 내가 그리던 미래 또한 아니었다. 그래서 나는 매사추세츠 주 캠브리지에 있는 공인 회계 법인에 취직했다. 그곳에서 3년간 일을 하며 공인회계사 자격을 얻었다. 그 자격은 대학원을 가는 것과 맞먹는 것이었고 나는 생활비를 벌 수 있었다. 돈을 더 벌기 위해서 저녁에는 금융투자 상품을 팔았다.

그리고는 또 다시 인생의 결정적 시기를 맞게 되었다. 나의 형 레이의 도움으로 얻은 기회였다.

든든한 버팀목인 큰 형

　형제자매는 같은 부모 밑에서 오랜 시간 같이 지내기 때문에 특별한 유대가 있다. 나는 레이 형 덕분에 어린 시절이나 어른이 되어서도 다채로운 삶을 살 수 있었다. 그만큼 친형은 내 인생에 엄청난 영향을 주었다.

　한 번은 레이 형이 뉴트리바이오란 식품 보조제를 팔면 하루에 몇 시간만 일하고도 한 달에 1,000달러를 벌 수 있다고 말했다. 내가 두 가지 일을 하면서 버는 돈 보다 많은 돈이었다. 그래서 나는 500달러를 투자해 물품을 사서 피라미드 영업에 발을 들여 놓았다. 비좁은 내 오피스텔은 이내 물건들로 꽉 차 버렸다. 판매 조직을 빨리 세워야 한다는 생각에 자주 들르던 빨래방에 영업 사원 모집 공고문까지 붙였다. 즉각 연락이 와서 첫 번째 영업 사원을 고용했다. 하지만 안타깝게도 뉴트리바이오에 대한 근거 없는 문제 제기가 일어 미국 식품의약국 *FDA*에서 제품의 판매를 금지하고 말았다. 사회생활 초년기에 겪었던 가장 큰 경제적 손실이었다.

　그러나 큰 수확도 얻었다. 내가 고용했던 단 한 명의 영업 사원이 다름 아닌 롤라였던 것이다. 롤라는 20개월 후 내 아내가 되었다. 내가 스물네 살 때 일이었다. 이는 분명 내 인생 최고의 결정이었다.

　나와 형은 몇 년 동안 멀리 떨어져 살았지만 시간 날 때마다 연락하며 지냈다. 그리고 어머니가 돌아가시기 전 3개월 동안 힘든 시간을 함께 하면서 우애가 더 두터워졌다.

고생스러웠던 어린 시절 생각나세요? 그때 형은 내게 정말 소중한 사람이었어요. 나를 든든히 받쳐 주는 버팀목이었지요. 형이 없었다면 내 인생이 어떻게 되었을까요? 상상할 수조차 없어요. 대학이 멀어서 서로 떨어져 살았지만 우리 사이는 여전히 돈독했지요. 인생의 중대한 고비를 넘을 때마다 형의 격려는 내게 큰 도움이 되었지요. 또 내게 뜻밖의 행복을 안겨 주기도 했지요. 만약 뉴트리바이오 사업을 하지 않았다면 아내 롤라를 어떻게 만났겠어요?
형은 내게 근면 성실과 자기 절제의 기준이었고 늘 믿고 의지할 수 있는 사람이었지요. 부모님이 모두 돌아가신 지금은 더 그렇습니다.
대가족의 가장 역할을 의연하게 해 내는 형의 모습이 정말 믿음직스럽습니다. 또 사업 역량도 크고, 사업 자세가 바른 것도 어느 누구에게도 뒤지지 않지요. 이 모두 가정생활에서나 사회생활에서나 엄격한 도덕 기준을 갖고 살아온 덕분이지요.
형이 있어 언제나 든든했어요. 우리 둘 다 성공하고 우애가 날이

갈수록 깊어지는 것을 어머님이 보셨다면 대견해 하실 텐데……. 아쉽습니다.

형을 생각하면 형과 30년 간 고락을 함께 한 형수에게도 고마운 마음이 든다. 형수 조안은 형의 인생을 풍성하게 만들어 주었고 온 가족이 돈독하게 유대감을 갖도록 만들어 주었다. 형수는 어떤 일이든 내색하지 않고 척척 해내며, 딸보다 더한 정성으로 시어머님을 모셨다.

삶의 질을 높여 준 사람

공인회계사 자격을 따고 며칠 안 되어 나는 회계 법인 회사를 그만두었다. 그 이후 몇 년 간 서비스업계 일을 하게 되었다. 보스턴 호텔에서 회계 담당자로 6개월간 일하고 나는 뉴올리언스의 로열올리언스 호텔의 회계 담당으로 자리를 옮겼다.

사회생활을 시작하던 때를 떠올리면 내 삶의 질을 높여 준 사람들이 생각난다. 내 일에 직접 영향을 준 것은 아니지만 그들은 내게 기쁨과 성취감, 그리고 마음의 안정을 주어 일에 최선을 다할 수 있도록 도와주었다.

존재만으로 기쁨인 친구, 데니

우리 주변에는 그 존재만으로도 기쁨이 되고 활력이 되는 사람들이 있다. 뉴올리언스 시절부터 알던 친구 데니 데이비스가 그런 사람이다. 오랫동안 서비스업 일을 하다가 퇴직하고 지금은 남부 캘리포니아의 우리 동네에 살고 있다.

내게 잊지 못할 감동을 준 친구 데니! 유머 감각과 삶에 대한 열정, 그리고 어떤 어려운 상황도 잘 헤쳐가는 탁월한 능력은 너의 많은 능력 중의 일부에 불과하지. 인생을 심각하게만 보지 않는 지혜로운 모습을 보여 주었고 어떤 고난이 오더라도 삶을 사랑하라 가르쳐 주었지. 내가 우리 우정을 소중히 여기는 까닭이 그것이라네.
재미있는 이야기를 할 때면 더없이 장난스럽고, 진지한 주제를 이야기할 때면 해박한 지식을 쏟아놓곤 했지.
내 아들 조나단과도 가깝게 지내 주어서 정말 마음이 든든하다네. 내가 가족을 얼마나 아끼는지 잘 알기에 내 아들 녀석에게까지 따스한 관심을 보여 준 것이란 걸 알고 있다네. 변치않는 우정과 충직함에 다시 한 번 감사를 표하네.

뉴올리언스 호텔에서 일한 후 나는 뉴욕 시의 60개 레스토랑 체인점의 관리 부사장 자리에 스카우트 되었다. 당시 임신 중이었던 롤라의 산달이 가까워 올 무렵 우리는 뉴욕 시로 이사했다. 한 달쯤 후 놀랍게도 롤라는 이란성 남자 쌍둥이를 출산했다. 바로 조나단과 제이슨이었다.

그 후 신생 업체인 컨퍼런스 분야의 관리자로 스카우트 되면서 우리 생활은 또 한 번 변화를 겪었다. 나는 만 달러의 노후 자금을 투자하여 이 회사의 주식을 조금 소유하게 되었다.

해리슨 컨퍼런스 센터가 자리 잡아 가면서 나는 교육에 상당한 관심을 갖게 되었는데 그 과정에서 할 라자러스를 만나게 된다.

영원한 낙천주의자, 할

할 라자러스는 50년 넘게 교편을 잡았고 호프스트라 대학 경영대학원의 학생처장으로 재직했다. 내게 강의를 해 보지 않겠느냐고 제일 처음 제의한 사람이 바로 할이었다. 그 이후로 강의는 내 삶의 중요한 일부가 되었다. 강의를 하며 나는 성취감을 크게 느꼈기에 할이 더욱 고맙다.

삶을 사랑하는 사람인 할 라자러스는 몇 년 전 암으로 한쪽 팔을 절단했다. 무엇이 가장 힘드냐고 물었더니 스케이트장에 가서 스케이트 끈을 묶을 때라고 그는 대답했다. 어떻게 묶었냐고 물으니까, 옆 사람에게 묶어 달라 부탁했다고 대수롭지 않게 말했다.

할은 대화 중에 피해자라는 말은 어쩌다가라도 사용하지 않는다. 그런 그의 쾌활하고 낙천적인 성격이 내게 크게 다가와 그에게 이렇게 나의 마음을 전했다.

할, 당신은 경영대학원 수업 강사로 나를 초청하여 강의의 세계로 이끌어 주었지요. 그것은 정말 소중한 기회였습니다. 그 강의를 하면서 내게 강사로서 잠재력이 있다는 것을 비로소 깨달았으니까요. 능력을 개발할 수 있도록 도와주어 정말 고맙습니다.
또한 당신은 내가 출판업도 접할 수 있게 해 주었지요.
무엇보다도 늘 내 가족과 내가 하는 여러 시도들을 지지해 준 것, 정말 내게 큰 힘이 되었습니다.
당신은 따로 파티를 열 필요가 없을 정도로 항상 즐겁게 하루를 보냈지요. 천성적으로 '행복한' 사람이니까요. 이 세상에 당신의 낙천주의와 유쾌함을 깨뜨릴 수 있는 것은 아무것도 없을 겁니다. 당신에게서 배운 가장 큰 가르침은 어떤 고난 앞에서도 항상 긍정적인 삶의 태도입니다.

마음의 평화를 준 제리

중년의 나이가 되면 쉽게 상처받고 삶이 두려워진다. 이런 때 주변에 도와주는 사람이 있으면 좀 덜 불안하다. 제리 드시몬은 내 불안을 덜어 준 사람이었다. 제리는 보험 컨설턴트였다. 우리 쌍둥이들이 어렸을 때 때때로 아버지처럼 나도 일찍 죽을지도 모른다는 두려움에 휩싸이곤 했다. 그런 내게 제리는 좋은 친구가 되어 주었다.

몇 년 전 아이들 이름으로 부동산에 투자하게 해 주고 유용한 생명 보험 정보를 주고 가입할 수 있게 도와주어 고맙습니다. 혹시 내게 무슨 문제가 생기더라도 우리 가족이 경제적으로 어려움 없이 살아갈 수 있을 것 같아 마음이 놓입니다. 물론 내가 오래 산다면 가족을 부양하겠지만 우리 아버지처럼 갑작스럽게 심장 마비라도 일으켜 죽음을 맞는다면 아내나 어린 두 아들이 얼마나 고통 받을까, 걱정했었죠. 당신 덕분에 미리 대책을 세워 가족을 돌볼 수 있게 되어 마음이 든든해졌습니다. 당신은 또 회사 직원 복지 기금에 대해서도 귀한 조언을 해 주었지요.
그러나 그 무엇보다도 나와 내 가족이 관심을 갖는 것을 충분하게 헤아려 주는 사람이 생겼다는 사실이 더 소중합니다. 가족이라도 이렇게까지 할까 싶을 정도로 당신은 나를 깊이 배려해 주었지요. 당신은 최고를 주고자 했고 꼭 필요한 것 외에는 단 한 푼도 낭비하지 않도록 도와주었지요. 그 고마움을 전해 주고 싶었습니다.

가족의 건강을 지켜 준, 척

건강만큼 내게 중요한 것은 없다. 건강하지 않으면 아무 일도 할 수 없기 때문이다. 30여 년간 척 해일부룬은 우리 집 주치의로 가족의 건강을 돌봐 주었고, 오늘날까지 친한 친구로 남아 있다.

척, 우리는 두터운 우정을 쌓아 왔네. 자네는 나의 테니스 친구이자, 깊은 대화의 상대이자, 배려심 많고 역량 있는 내과 전문의였소. 자네가 나와 롤라 그리고 두 아들 가까이에 있다는 사실만으로도 내게 얼마나 큰 안도감을 주는지 모른다오. 자네는 우리의 가족이나 마찬가지였소. 운동을 하다 다쳤을 때도, 가벼운 수술을 해야 할 때도, 내 심장 상태가 걱정될 때도 자네는 항상 가까이에서 우리를 염려해 주고 도움을 주었소.

자네처럼 인정 많고 해박한 의사가 우리 가족의 주치의인 것은 행운이었소. 우리가 같이 지낸 세월 동안 자네가 보여 준 진실과 격려와 우정 또한 다시없는 행운이었소.
한 사람과 인연을 맺으며 건강을 지키고 깊은 우정도 얻을 수 있다는 것, 이것 이상 소중한 것이 또 어디 있겠소? 정말 자네가 내 곁에 있다는 것은 내게 크나 큰 축복이오.

글렌 코브는 내가 이사했던 열네 번째 도시였고 이곳에서 열네 번째 직업을 얻었다. 스물아홉 해만의 일이었다. 처음으로 안정도 얻고 우정도 쌓으며 살 수 있겠다는 기대를 하게 되었다. 내가 저녁이나 주말에 두어 시간 도와주는 것 외엔 도와주지도 못해서 쌍둥이를 혼자 키워야 하는 일이 만만찮을 텐데도 롤라는 내가 해리슨 컨퍼런스 센터를 제대로 운영할 수 있도록 내조해 주었다.

이렇게 해서 나의 인생 이야기는 '인생의 기반을 다지고 푸른 숲을 이루는 시기'로 접어들게 된다.

삶을 사랑하는 사람인 할 라자러스는 몇 년 전 암으로 한쪽 팔을 절단했다. 무엇이 가장 힘드냐고 물었더니 스케이트장에 가서 스케이트 끈을 묶을 때라고 그는 대답했다. 어떻게 묶었냐고 물으니까, 옆 사람에게 묶어 달라 부탁했다고 대수롭지 않게 말했다.

인생의 푸른 숲을 이루기까지

> 감사하는 마음은 놀라운 것이다.
> 감사의 마음을 가지면
> 타인의 장점을 함께 공유하게 된다.
>
> — 볼테르

내 인생의 기반이 다져진 것은 해리슨 컨퍼런스 센터에서였다. 해리슨 센터에서 일을 시작할 때만 해도 신생 업체인 우리 회사가 파산 직전에 놓이리라고는 상상하지 못했다. 또 그 일이 내게 어떤 기회가 될지도 알지 못했다.

회사가 파산 직전에 놓이자 이사진은 설립자인 회장과 사장에게 회사를 떠나라고 요구했다. 그리고 당시 서른두 살 밖에 안 되었던 내가 400명의 직원이 일하는 이 회사의 사장으로 선임되었다. 그리고 나서 6개월 후엔 회장이자 최고경영자로서 25년 동안 회사를 경영하게 되었다. 회사의 소유권도 우리 경영 팀에게 넘어왔다.

내가 선택한 길은 아버지가 걸어오신 길과 참 비슷하다. 우리 두 사람 다 꿈이 많은 사람이었다. 아버지도 나도 안정된 직업을 마다하고 위험한 서비스업계의 신생 업체에 노후 자금을 털어 넣었다. 우리 두 사람 다 아이들이 어릴 때 위험한 투자를 했다는 사실도 공통점이다. 물론 복 많게도 내조를 잘해 주는 아내가 있었던 점도 닮았다.

3년 후 아버지가 투자했던 관광 목장은 파산했다. 내가 투자한 해리슨 컨퍼런스 센터도 설립한 지 3년 만에 같은 운명에 놓였고 나 역시 투자한 자금을 다 잃을 처지였다. 아버지와 나는 모두 고군분투했다. 하지만 다행스럽게도 나는 훨씬 많은 수확을 거두어들였다.

분명한 것은 길잡이가 되어 준 수많은 사람들 덕분에 나는 아버지보다 인생 항로가 훨씬 성공적이었다는 사실이다. 내가 '빅토리 랩'을 돌며 감사를 전하는 것도 다 그 때문 아닌가? 아버지도 나만큼의 인적 자원만 있었더라면 인생이 훨씬 순조롭지 않았을까?

인생의 길을 제시한 사람

삶의 자세를 변화시키고 목표를 이루는 길을 제시해 주는 특별한 사람들이 있다는 것은 살면서 두고두고 쓸 수 있는, 요긴한 연장을 지닌 것과 같다.

그런 연장은 학창 시절 선생님이나 교수님, 동료, 또는 조언자에게서 받았을 수도 있고 책이나 강의에서 얻었을 수도 있다. 나는 프레드 저비스 박사에게서 그것을 받았다. 그래서 프레드를 내게 소개해 준 마이클 케이가 늘 고맙다.

마이클은 내가 다녔던 두 곳의 회사를 함께 다닌 유일한 친구다. 20대 후반에 두 사람 다 로열올리언스 호텔의 관리 팀에서 근무했고 내가 해리슨 센터에서 일하게 되면서 그를 관리직으로 영입했다. 함께 일하며 배운 것도 많지만 마이클이 나를 프레드 저비스와 연결시켜 주었던 일이 내게는 참 뜻깊다. 명석하고 뛰어난 사색가라 소개하면서 마이클은 프레드 저비스에게 연락해 보라고 했다. 프레드 저비스와의 인연으로 내 인생은 또 한 번 변화를 맞았다.

프레드 저비스는 '건설적 변화를 위한 센터'를 설립해 35년 동안 운영했다. 이 센터는 수천 명의 사람들과 수많은 영리·비영리 단체가 큰 성과를 올릴 수 있도록 지원해 주었다. 변화를 관리하는 독특한 방법에 대한 프레드의 강의는 내 인생 전반에 깊은 영향을 주었고, 그에게서 배운 대로 내가 또 다른 사람들의 길잡이 노릇을 할 수 있었다.

프레드는 열아홉의 나이에 2차 세계 대전에 참전했다가 시력을 잃었다. 그는 장님이 되는 바람에 지금의 직업을 갖게 되었고 다른 모든 감각으로 더욱 강렬하게 느낄 수 있게 되었다고 말했다. 보지 못하는 덕분에 질문과 대답만으로 상대방의 목표를 명확하게 짚어 주고 원하는 결과를 달성할 수 있도록 도와주는 능력을 지니게 되었다.

뉴햄프셔에 있는 집에 찾아갔을 때 여든일곱의 프레드는 여전히 건강했다. 여든을 조금 넘긴 프레드의 아내이자 동업자인 쟌도 함께 만날 수 있어 기뻤다.

지난 35년 동안 우리는 여러 번 함께 일했지요. 긍정적인 성과를 미리 예견하고 만들어 내는 당신의 독창적인 방법은 내게 큰 영향을 주었습니다. 당신은 앞을 볼 수 없지만, 더 큰 마음의 눈으로 많은 사람들의 인생 길잡이가 되어 주었습니다. 당신보다 훨씬 더 컴컴한 어둠 속을 헤매는 영혼들을 인도했습니다.

당신은 많은 사람들에게 감화를 주었지요. 나도 당신이 가르쳐 준 '독특한 사고 방법' 덕분에 매일 경이로워 하며 살았습니다. 당신을 만났던 지난 세월이 내게 얼마나 큰 행운이었는지 온몸으로 느끼며 깊이깊이 감사하고 있다는 것을 알려 드리고 싶었습니다.

제게 베풀어 주신 은혜에 다시 한 번 감사드리며, 당신에게서 배운 가르침을 갚는다는 마음으로 다른 사람들을 기꺼이 도우며 살고 있습니다.

당신이 나에게 끼친 깊은 감화는 이루 표현할 길 없습니다. 인생의 갈림길에서 방향을 못 잡고 있을 때 당신은 지혜로운 조언으로 올바른 길을 선택할 수 있게 해 주셨습니다. 내게 주신 그 감화를 사랑하는 사람들과 주변 사람들에게 전하며 살 수 있게 해 주신 것에 대해 거듭 감사드립니다.

축복이었던 사업 파트너

내가 꿈을 이룰 수 있도록 경제적으로 지원해 주고 투자해 주었던 사람들에게 어떻게 고마운 마음을 다 표현할까? 대학 등록금을 대 주었던 조부모님도 있었고 작은 사업체를 크게 키워 준 투자자도 있었다.

누군가 우리가 하는 일에 관심을 갖고 물질적인 도움을 주었다면 그 사람은 우리 인생에 핵심 역할을 한 것이다. 러스 카슨은 나에게 큰 혜택을 주었던 사람이었다.

두 세대에 걸친 후원자, 러스

러스와 나의 관계는 해리슨 컨퍼런스 센터에서 일하던 초창기부터 시작되었다. 우리가 처음 만났을 때 러스는 시티은행 벤처 캐피탈에 막 입사했는데 해리슨 센터가 그의 첫 투자처였다. 이후 그는 10년 넘게 해리슨 센터의 이사 자리를 지켰다. 시티은행에서 나온 후에 그는 회사를 차리더니 비공개 기업투자 펀드(사모펀드) 회사로 키워 사장이 되었다. 몇 년 후 러스는 내 아들 제이슨을 임시직으로 고용했고 지원도 해 주었다. 러스는 나와 아들을 2대에 걸쳐 후원한 것이다.

사회 경험이 많지 않은 상황에서 우리 회사의 이사가 되었는데도 러스, 당신은 회사 경영진과 투자자와의 관계를 잘 파악하고 있었지요. 그건 쉬운 일이 아니었습니다. 신생 사업에 뛰어든 회사였으니 양측의 관계는 더욱 미묘했지요. 그러나 러스, 당신은 달랐습니다.

우리 회사가 어려운 처지에 놓여 있을 때도 당신은 다른 투자자처럼 우리 회사 경영진을 압박하지 않았지요. 오히려 그 반대였어요. 지혜와 판단력, 명철함, 긍정적 통찰력, 지원으로 회사를 활성화시키고 여러 도움을 주었습니다. 회사의 성과를 인정해주며 한편으로는 새 일을 시작할 수 있도록 끝없이 동기 부여를 해 주는 고마운 후원자였습니다. 당신이 베풀어 준 도움, 결코 잊지 못할 것입니다.

당신은 내 아들 제이슨에게도 좋은 조언자가 되어 주었고 제이슨이 설립한 벤처캐피탈 회사에도 투자를 해 주셨지요.

그렇게 오랜 세월 동안 지원을 아끼지 않는 투자자가 있다는 것은 진정 행운입니다. 전혀 다른 사업을 하고 있는 아버지와 아들에게 두 세대에 걸쳐 계속 영향을 미친다는 것은 어디서도 볼 수 없는 특별한 일이지요. 그래서 당신에게 더 큰 고마움을 느낍니다.

신뢰할 수 있는 동료, 잭

어떤 일이든 성공하려면 함께 일하는 동료들의 자질도 뛰어나고 서로 협력도 잘 되어야 한다. 동료의 능력이 일의 성과를 좌우했는데도 도와준 동료에게 제대로 고마움을 표현하지 못하는 경우가 허다하다.

인생의 기반을 다지던 시기에 재주 많고 열성적인 수백 명의 직원들이 있었던 것은 정말 행운이었다. 그들은 해리슨 컨퍼런스 센터가 어려움을 딛고 성공을 거두는 데 결정적인 역할을 했다. 이들의 책임감과 팀워크는 성공의 핵심이었다.

해리슨 센터가 컨퍼런스 센터 업계에서 선두주자가 된 것에 더할 나위 없이 자부심을 느낀다. 혁신적인 영업·운영 관리 프로그램은 성공의 기반이 되었다.

해리슨 센터에서 잭 킬리만큼 중요한 역할을 한 사람은 없었다. 그는 23년간 나와 함께 일했던 동료였다. 그에게 이런 사실을 알릴 수 있어 한없이 기쁘다.

해리슨 센터를 업계의 선두주자로 만들겠다는 목표를 실현시켜 주어 깊이 감사드립니다. 당신은 영업·마케팅 팀의 좋은 모범이 되었지요. 당신이 만든 프로그램은 혁신적이며 선구적이고 전문적이며 효율적이었어요.

예를 들어 상담판매와 품질보증제의 효과를 당신 부서에서 확인하고나서 회사 전체에 그 프로그램을 적용해 나간 것은, 당신이 이룬 대단한 업적입니다. 지난 세월 당신은 정직하고 올곧은 성품으로 회사를 위한 최선책이 무엇인가를 늘 고민했습니다. 그래서 회사는 당신을 무한 신뢰했습니다. 내가 영업 조직에 직접 깊이 관여할 수 있었던 것도 당신이 먼저 나서 준 덕분이지요. 이 점 깊이 감사드립니다.

또한 어떤 상황에서든 성심을 다하고 대인 관계에서 탁월한 능력을 보여 준 점 또한 마음속 깊이 귀하게 생각하고 있습니다.

함께 일하는 동안 내게 힘이 되어 주고 해리슨 센터를 매각한 후에도 탁월한 리더십으로 회사를 잘 이끌어 주어 참으로 고맙습니다.

변함없는 참모, 그레이스

그레이스 자라는 지난 25년 간 우리 회사의 관리직원으로 일했다. 그녀가 해리슨에서 일하기 시작한 것은 40대 중반이있는데 우리 회사에서 일하며 자신의 능력을 맘껏 발휘했다. 해리슨에서 일하기 시작한지 얼마 안 되었을 때 안타깝게도 남편이 사망하여 그레이스 혼자 아이 다섯을 키워야 했다. 절박한 상황이었지만 그녀는 굳세게 버티며 회사를 위해 능력을 십분 발휘하고 책임을 다하였다. 감탄스러웠던 그녀의 모습은 내 마음속에 아직까지 남아 있다.

당신처럼 유능하고 충직하고 근면하며, 책임감 있고 일 처리도 탁월한 사원은 일찍이 없었습니다. '한 치의 오차도 없이 정확하게'라는 내 과도한 요구에도 침착함을 잃지 않고 일했습니다. 스스로도 까다롭게 일 처리를 했기에 내 요구가 큰 문제가 되지 않았던 거지요. 완벽하게 마무리하기 위해 밤늦게까지 일하는 날이 다반사였지만 당신은 늘 의연하게 받아들였습니다. 두어 번 내가 화를 냈을 때도 당신은 차분하고 침착하게 행동했지요. 지난 25년 동안 정말 우리는 엄청나게 많은 일들을 해냈습니다. 상황은 급변했고 어려운 상황도 많았지요. 그러나 당신은 언제나 신중한 판단과 풍부한 상식으로 내가 제안한 아이디어나 결정을 가장 먼저 듣고 의견을 내어 주었지요. 당신은 가장 먼저 반응을 보여 주는 반향판 같은 존재였습니다. 그래서 나는 항상 당신이, 다른 직원들에게 기대하는 수준 이상의 성과를 낼 것이라고 확신했습니다. 그렇게 우리가 함께한 과정들은 큰 즐거움이었지요!

그레이스, 당신은 내 인생에 지대한 영향을 주었습니다. 힘든 일을 겪을 때에도 내색하지 않고 당신은 강인하게 버텨 주었지요. 당신은 내 삶과 일 모두에서 큰 도움과 희열을 주었습니다. 당신에 대한 고마움 내내 잊지 않을 것입니다.

디자인 정신을 보여 준, 밥

 조직을 관리하다 보면 회사 내에서 하기보다 외부에 맡기는 것이 나은 일이 있다. 전문 능력을 갖고 있는 사람들을 고용해야 하는 경우이다. 외부 업체는 조직에 속해 있지 않기 때문에 일의 우선순위가 회사와 다를 수밖에 없다. 그러니 기대 이상 일을 해낸다는 것은 실로 대단한 일이다. 그 일이 외부 업체가 아니고서는 해낼 수 없는 일이라면 그 기쁨은 더욱 크다.

 해리슨 회의 센터는 최고급 손님들의 숙식과 레크리에이션 시설, 최첨단 회의실까지 갖추어 놓았다. 그렇게 할 수 있었던 데는 미국에서 손꼽히는 건축가인 밥 힐러와 그의 회사 덕택이다. 밥은 우리 회사의 여러 시설들을 최고로 설계해 수었다.

 몇 차례 얘기를 나누기는 했으나 밥과 내가 만나게 된 것은 실로 10

년 만이다. 자주 만나지는 못했다고 해도 그에 대한 존경심이나 감사의 마음이 줄어든 것은 아니다.

나의 적성이나 소질은 주로 사람들과 관련된 것이라 공간을 설계하고 창조해 내는 일에는 별 재주가 없지요. 원하는 공간의 분위기는 말할 수 있었지만 구체적으로 그려낼 수가 없었습니다. 그런 내게 당신은 절대적으로 필요한 존재였지요. 나의 말만으로도 당신은 내가 어떤 공간을 만들고 싶어 하는지 바로 감을 잡았으니까요. 이제 이 업계의 표준이 되어 버린 우리 회사의 시설들을 당신보다 더 많이 설계하고 건축한 사람은 없습니다.
당신은 일을 하는 방법에도 탁월했습니다. 함께 일했던 동안 상대방을 늘 편하게 대해 주었고, 가치와 비용을 세심하게 따져 가며 서로 다른 의견을 조율하는 면도 뛰어났지요. 당신은 기대 이상의 성과를 보여 주었습니다. 우리는 서로의 열정을 함께 나누며 신명을 다해 일을 해 나갔지요. 나는 더할 나위 없이 충실한 당신을 신뢰할 수밖에 없었습니다. 항상 함께 했던 사업 파트너 같다는 생각까지 들었습니다.
당신은 건축업자를 넘어 나의 진정한 친구였습니다. 고마운 마음 영원히 간직할 것입니다.

인적 네트워크에서 만난 사람

해리슨 센터에서 일하면서 사업과 인생에서 모두 중요한 사람들을 만났다. 일찍이 나는 회사를 효율적으로 운영하기 위해 리더십과 관리 능력을 향상시킬 필요가 있음을 절감했다. 30대 중반 그런 목적으로 나는 '젊은 사장단 모임'인 YPO에 가입했다.

YPO는 세계적인 그룹으로 젊은 기업가들에게 인적 네트워크를 제공하면서 서로의 의견과 경험을 활발하게 교류할 수 있도록 도와주고 있다. 그들은 지역 내의 회의는 물론이고 국가나 세계 수준의 회의를 열어 회원들에게 뛰어난 교육 기회를 줄 뿐 아니라 전 세계의 뛰어난 기업가들에게 회원들을 소개하기도 한다.

25년 전 이 그룹 회원이었던 스티브 로스와의 만남은 내게 또 한 차례의 변화를 가져다 주었다. 지난 세월 친구로 지내면서 나는 그에게 많은 것을 배웠고 그를 존경하게 되었다.

스티브는 개인적인 일이나 사업상 어려움이 있을 때마다 자기 내부의 에너지를 모으고 자신감을 키우는 뛰어난 능력을 보여 주었다. 이런 탁월함은 그만의 감각으로 위기를 넘기고 더 높은 목표를 이루게 하였다. 스티브는 탁월한 능력으로 사업이나 자선 활동에서 놀라운 발전을 이루었고, 세계 최고의 부동산 개발업자가 되었다. 또한 유명한 마이애미 돌핀 축구 팀의 소유주로서 명성을 날리고 있다.

스티브는 나를 설득하여 YPO 포럼에 가입시키더니 덜컥 사회까지 맡겼다. 나는 이 점에 대해 진심으로 고마움을 표했다. 이 포럼에 가입한 덕분에 사업에서나 개인적으로나 더없이 소중하고 풍요로운 경험을 할 수 있었다.

포럼 회원들은 회원들에게 도움이 된다면 너나 할 것 없이 발 벗고 나서 주었다. 지금까지 세 곳의 포럼에 나갔던 횟수를 세어 보니, 월 모임에 600번 이상, 여름 모임에 60회 이상을 참석하였다. 젊은 사장이었던 내게 이 모임은 반향판 역할을 해 주었고 중재 능력도 키울 수 있도록 도와주었다.

이 포럼은 오랜 인간관계를 쌓는 바탕이 되었다. 필요할 때 도움을 청할 수 있는 사람들을 이곳에서 만났다. 이제 독자들에게 그들의 이야기를 하려고 한다.

언제나 나와 연결된 친구, 토미

운이 좋은 사람이라면 인생의 걸음 걸음마다 곁에 절친한 친구가 있는 법이다. 인생의 많은 부분을 함께 하는 친구가 있을 것이다. 그것은 혼자 영화를 보는 것과 친구와 함께 보는 것의 차이라고나 할까. 물론 혼자서도 즐길 수 있지만 함께 영화를 보면 훨씬 흥미진진해지지 않는가. 토미 슐호프는 내게 그런 친구다.

　세계적인 기업을 운영하는 토미는 중국과 유럽으로 자주 출장을 가서 매우 바쁘다. 그렇다고 매일 통화하는 일까지 못할 정도는 아니다. 대부분의 기업들은 성공을 하고난 뒤 자선 활동에 눈을 돌린다. 그러나 토미의 회사는 유수한 비영리 단체들이 자금을 모을 수 있도록 매개체 역할을 하는 그야말로 기업 활동이 곧 자선 활동인 회사로, 명실공히 업계 선두주자다. 다음은 감사 여정 중에 내가 그와 나눈 대화의 일부이다.

　우리 우정에 대해 말하려고 하니 온몸에 전율이 느껴질 정도로 감격스럽네. 토미, 자네와 나는 일상사를 함께 나누며 돈독한 우정을 쌓아나갔지. 그 점이야말로 나에게는 다시없는 축복이었고 크나큰 혜택이었네. 매일 전화 통화를 하며 그날 일어났던 일들에 대해 도란도란 이야기를 나누기도 하고, 때로 어떻게 하면 인생을 수월하게 헤쳐 나갈 수 있을지 또는 어떻게 하면 더 보람 있는 생을 살아갈지 의견을 나누곤 했지.
　자네는 대화 주제에 따라 또는 삶의 중요한 가치에 따라, 때론 일의 우선순위에 따라 대화의 길이를 자유자재로 조절하곤 했지. 하루 중 어느 때고 자네와 통화할 수 있다는 사실은, 값으로 따질 수 없이 귀중한 무엇을 나만 은밀히 갖고 있는 느낌이었네.
어떤 이야기가 되었든 자네는 유머가 넘쳐 났고, 지혜와 깊은 애정이 묻어났지. 자네와 통화하고 나면 늘 신뢰와 끈끈한 정이 느껴져 마음이 뿌듯했다네. 하루의 피곤과 스트레스는 눈 녹듯 사라지고, 새로운 활기로 넘쳐 나는 기분이었다네.
내 인생에 의미와 기쁨과 웃음을 준 자네에게 이루 표현할 수 없는 깊은 고마움을 느낀다네.

천부적인 명문장가, 스티븐

글이나 음악, 미술, 사진 등으로 일상의 경험을 깊게 느끼고 이해하도록 만들어 주는 사람들이 있다. 내게 이런 소중한 사람은 스티븐 마이론이다. 그 덕분에 내 인생은 한층 풍부해졌다.

스티븐은 내가 알고 있는 사람 중에서 필력이 뛰어나고 책도 많이 읽은 사람이다. 본래 유려한 글 솜씨는 문학 비평가나 문학 교수, 또는 시나리오 작가로 일하면서 갈고 닦아야만 만들어질 수 있는 것이 아니었던가.

그러나 스티븐은 건축 자재부터 부동산 개발, 심지어 와인샵에 이르는 다양한 회사를 거느린 기업가라는 점에서 더 놀랍다.

반짝이는 아이디어와 막힘없는 언변, 질 좋은 와인을 선별하는 능력, 그리고 진실함까지. 당신에게는 그 모든 것들이 넘쳐 납니다. 그 하나하나의 능력만 갖추어도 대단한데 모두를 다 갖고 있으니 당신은 그야말로 팔방미인입니다. 당신과 함께 있으면 즐거움이 넘쳤고, 막혔던 사고가 터지고 새로운 아이디어가 샘솟듯 떠올랐습니다. 무엇보다도 내가 가장 높이 사는 것은 글에 생명력을 불어 넣는 당신의 능력입니다. 사소한 신문 기사도 당신을 거치면 훌륭한 대화 소재가 되었지요. 그래서 내가 나누는 대화의 격도 높아졌고요. 지난 20년간 나는 당신의 이러한 놀라운 능력의 수혜자였지요. 덕분에 내 삶은 더욱 풍요로워졌습니다. 정말 고맙습니다.

뛰어난 지성의 소유자, 하워드

삶이 우리에게 도전장을 던질 때 우리는 주변의 사소한 문제들을 제치고 문제의 핵심을 짚는 진정한 조언자를 간절히 원하게 된다. 복잡한 세상에서 얽혀 있는 문제들을 깔끔하게 정리하여 우리가 이해하기 좋게 만들어 주는 사람들이 있다. 그런 사람들은 우리의 삶을 한 차원 높여 준다. 하워드 밀스타인은 그런 사람이었다.

하워드는 코넬대에서 학사 학위를 받고 하버드 법학 대학원과 경영 대학원에서 공동 학위를 받았다. 뉴욕에서 유명한 부동산 중개업 집안 출신이지만 그는 그것을 발판으로 회사를 설립하여 훨씬 크고 성공한 회사로 키워 냈다. 그는 금융업, 부동산업 관련 회사를 세웠고 전설의 골프 선수 잭 니클라우스와 파트너십을 맺기도 했다. 또 한편으로 매일 운동하는 것을 거르지 않으며, 러닝머신을 하면서도 아리스토텔레스 같은 위대한 사상가들에 대해 탐구하는 등 묘한 매력을 지닌 사람이었다.

당신을 생각하면 가장 먼저 떠오르는 것이 놀랍도록 뛰어난 지적 능력입니다. 당신은 유능한 사업가일 뿐 아니라 세계 문제나 정치, 자선활동 등에도 넓게 관심을 보이고 그 경계를 유유히 넘나들었지요. 나는 당신의 그 폭넓고 비범한 지적 능력을 나눠 받은 수혜자입니다. 당신은 언제나 알아듣기 쉽게 지식들을 설명해 주었으니까요.

회의에서 주제의 핵심을 꿰뚫어 보고 그것에 대한 평가를 한 후, 사려 깊고 통찰력 있는 제안을 하던 당신을 경이의 눈빛으로 바라보곤 했지요. 당신의 제안은 포럼뿐 아니라 내 개인에게도 훌륭한 선물이었습니다. 복잡하게 얽힌 문제들을 가장 단순하고 합리적으로 해결하는 법을 보여 주었으니까요. 나는 당신의 그런 능력의 덕을 여러 번 보았습니다.
당신은 사업 성공 외에도 인생에서 진정 중요한 것은 배움, 자선 활동, 건강, 옛 친구, 그리고 가족이라는 것을 잘 알고 그 모두를 소중하게 여겼지요.
당신은 여러 방면에서 저에게 깊은 영향을 끼쳤습니다. 내가 얼마나 깊이 감동하고 있는지, 그리고 내 인생 한 켠에 당신이 있다는 것이 얼마나 마음 든든한지 당신이 알아주었으면 좋겠습니다.

'인생의 기반을 다지고 푸른 숲을 이루는 시기'에 이르고 보니 아버지가 사셨던 나이는 넘길 수 있겠다는 안도감이 생겼다. 아버지가 쉰세 살에 갑자기 돌아가셨기에 나도 혹시 그렇게 되지 않을까 싶어 무슨 일이든 '시간 전에 마치려고' 노력했다. 또한 규칙적으로 운동하고 건강을 최상으로 유지하려 애썼다. 에스컬레이터와 계단이 있으면 힘 안 들이고 빨리 올라가려고 에스컬레이터를 타는 사람도 있고 운동 겸 계단을 선택하는 사람도 있다. 나는 에스컬레이터를 타고 뛰어 올라가는 부류의 사람이다.

그런 강박증 속에 오십 줄에 들어서고 보니 해 보고 싶은 일이 있다면 지금이 적절한 때라는 생각이 들었다. 롤라와 나는 앞으로 남은 세월 동안 어떤 일들을 하는 것이 가장 이상적인지 며칠 동안 고심에 고심을 거듭했다. 드디어 최종 결정을 했다. 우리가 결정한 대로 나는 회사를 처분했고 1998년 캘리포니아로 이주했다. 내 인생 제3막의 시작이었다.

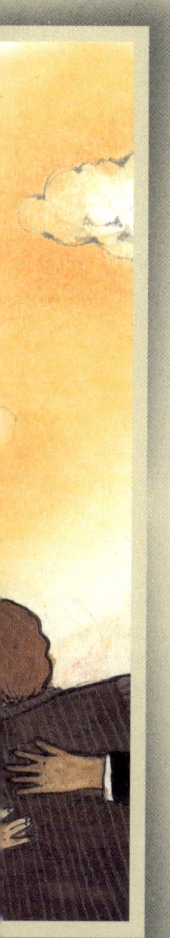

분명한 것은 길잡이가 되어 준 수많은 사람들 덕분에
나는 아버지보다 인생 항로가 훨씬 성공적이었다는 사실이다.
내가 '빅토리 랩'을 돌며 감사를 전하는 것도 다 그 때문 아닌가?
아버지도 나만큼의 인적 자원만 있었더라면
인생이 훨씬 순조롭지 않았을까?

인생의 풍성한 수확을
거두기까지

감사하는 마음은 최고의 덕목일 뿐 아니라
다른 모든 덕목의 어버이다.

― 키케로

회사를 매각하고 캘리포니아로 이사 가는 결정은 의외로 쉽게 내려졌다. 롤라는 오래 전부터 캘리포니아에 사는 것이 꿈이었고 그곳으로 여행했던 우리 두 사람 다 그곳에서 여유 있게 생활하고 싶다고 생각했기 때문이다. 게다가 아들 한 명은 이미 캘리포니아로 이사를 갔고 또 한 명의 아들도 이사할 예정이었다. 동부 연안에 사는 이웃들과 헤어지는 것이 마음에 걸렸지만 새로운 이웃과 사귀고 옛 이웃들과도 계속 연락하고 지내기로 마음먹었다.

이렇게 연고가 없는 곳으로 이사한 것은 분명 모험이었다. 우리가 살 곳에는 친구도, 직장도, 학교 다니는 아이도 없었다. 처음부터 완전히 다시 시작하는 것이다. 그러자 문득 내 인생의 길을 열어 준 프레드 저비스가 했던 질문이 떠올랐다.

"5년 동안 열심히 산다면 내 인생에 어떤 변화가 생길까?"

이 질문에 답을 적으며 '해야 할 중요한 일들'이라고 제목을 붙였다. 그 일들은 대인 관계, 건강, 지역 봉사, 종교, 금융 등 다섯 개 부분으로 나눌 수 있었다. 그러면서 성인이 된 후의 내 삶을 전체적으로 돌아보게 되었다.

기준을 정하고 그에 따라 이루려는 일과 그 결과를 생각하니 기발한 생각들이 떠오르고 집중도가 높아지고 목표 의식도 분명해졌다. 홀가분하고 자유롭다는 느낌까지 들면서 이것들을 실천만 한다면 내가 원하는 삶을 살 수 있겠다는 생각이 들었다.

이로써 나의 관심사는 건강을 지키고 대인 관계를 유지하며 봉사 활동을 하는 것이란 사실이 보다 명확해졌다. 새 보금자리에서 시작한 새 인생은 사업과는 거리가 멀었다. 지금까지 일은 충분히 하지 않았던가. 절대 일을 하지 않겠다고 못 박은 것은 아니지만 구체적인 실행안을 세우면서 자연스럽게 제외되었다.

그래서 마지막 10여 년 간은 포럼 그룹에 참석하고 내가 열의를 갖고 참여할 수 있는 비영리 단체에서 활동하며 지내게 되었다. 덕분에 젊은이들의 조언자 역할을 할 수 있었다.

미개척 분야이던 컨퍼런스 센터를 개척해 나가면서 나는 성취감도 얻었고 보람도 많이 느꼈다. 그러나 '인생의 수확기'에 다양한 활동을 하면서 느낀 만족감과 가치는 사업의 성취감과 보람보다 훨씬 컸다. 그래서 요즘 나는 일하던 기간과 최근 10년을 절대 맞바꾸지 않겠다고 자주 말하곤 한다.

인생에 의미를 부여해 준 사람

　회사를 처분한 후에도 포럼 그룹은 내 삶에 매우 중요한 역할을 했다. 내가 여전히 적극적으로 참여하는 뉴욕과 샌디에이고 포럼 사람들은 내 인간관계의 '실습실' 같았다. 가까이 지내는 포럼 회원들과 서로 도울 일은 무궁무진했다. 곤란한 상황에 가로막혀 있을 때, 언제든 서로 도움의 손길을 아끼지 않았다. 여러모로 우리는 막역한 친구 사이였다.

　삶이나 생명이라는 말을 하면 응급실 의사나 소방관, 인명 구조원이 떠오른다. 직업이니까 그렇다고 생각할 수도 있지만, 사실 이 사람들이 없다면 우리는 세상에서 살지 못할 수도 있다. 나를 지금 여기에 살아 있게 한 사람. 그 누군가가 바로 제프 스티플러였다.

생명의 은인, 제프

　20년 전 한 회의장에서 아메리칸 익스프레스 사장이던 제프를 처음 만났다. 그 이후 연락이 끊겼다가 10년 전 남부 캘리포니아로 이사한 뒤에 다시 연락이 닿았다. 앞서 이야기했던 지중해 여행 중 교액성 탈장에 걸린 나의 목숨을 구해 준 친구가 바로 제프이다.

감사하다는 말을 전하게 되어 참으로 기쁩니다. 한 사람의 인생에 여러 모로 좋은 변화를 주는 사람은 그리 많지 않습니다.

당신은 맞닥뜨리는 상황 상황을 날카롭게 꿰뚫어 보고 정확하게 분석하는 사람이지요. 더구나 그것을 다른 사람에게 잘 전하는 능력까지 있어 나와 많은 사람들의 삶의 질을 한 단계 높여 주었지요. 명석한 데다 재미있으면서도 사려 깊은 사람이지요.

코르시카 섬에서 내가 응급 수술을 받아야 했을 때 당신은 지체 없이 대처해 주고 함께 동행해 주었지요. 그 고마움은 결코 잊지 못할 것입니다. 당신 아내를 배에 남겨 둔 채였는데도 나를 부축해 주고 수술하는 동안 내내 곁을 지켜 주었고요. 내 상태가 안정되는 것을 본 후에야 비행기를 타고 배를 뒤쫓아갔지요.

지금껏 살아오면서 나는 그렇게까지 친절을 베풀었던 적이 없습니다. 당신의 헌신적인 모습을 떠올리면 그저 부끄러울 따름입니다. 당신은 한 치의 머뭇거림이나 주저함이 없었습니다. 생명이 위태로웠던 상황에서 나와 롤라에게 당신은 정말 큰 힘이었습니다. 당신이 아니었다면 어떻게 그 위기를 넘길 수 있었겠습니까. 이 은혜는 절대 잊지 않을 것입니다.

그 외에도 얼마나 많은 도움을 주셨는지요? 당신의 우정은 제게 정말 축복입니다.

마음의 의지처, 캔

살다 보면 어느 정도의 기술과 정보는 자연스레 습득하게 된다. 그러나 자기 전문 분야를 벗어난 문제를 해결할 때는 다른 사람의 도움을 받아야 한다. 그래서 전문가의 도움이 필요하고, 그 도움이 인생을 변화시키는 선물이 될 수도 있다. 내 인생에서 그런 사람을 꼽으라면 캔 햄릿이 떠오른다.

홀리데이 인의 사장이자 최고 경영자인 캔은 호텔업부터 교육 관련 회사와 부동산 개발 업체, 그리고 사모펀드 회사까지 다양한 업종의 회사를 꾸려 나갔던 화려한 경력의 소유자다. 나는 그가 참 고맙다.

당신을 떠올리면 두 가지가 떠오릅니다. 먼저 독창적이었던 당신의 사고방식이 생각납니다. 항상 독특한 방법으로 문제에 접근해서 때때로 다수의 동의를 얻지 못하기도 했지만 결국엔 당신의 남다른 생각이 가장 효율적이라는 것이 드러나곤 했지요.
또 다른 한 가지는 세계에 걸쳐 뻗어 있는 당신의 인맥입니다. 당신은 각 분야의 일인자들과 친분이 두텁지요. 그런 고급 인맥을 당신은 제게 아낌없이 나누어 주었습니다.
내 친형이 중병에 걸렸을 때 당신은 그 인맥을 총 동원하여 형이 최고의 의료진에게 치료를 받을 수 있도록 아낌없는 배려를 해 주었지요.

당신은 소중한 친구이자 내가 기꺼이 '의지할 사람'입니다. 당신과 함께 할 새로운 인생의 장이 기대됩니다. 우리 만남은 늘 활기 넘치고 유쾌하니까요.

지혜의 가르침을 준, 제임스

고기 잡는 법을 가르쳐 주고 또 평생 동안 쓸 기술을 전해서 우리를 쓸모 있는 사람으로 만들어 주는 일은 얼마나 가치 있는가?

우리가 사회에 무엇인가 도움이 되는 사람이 될 수 있도록, 무슨 일이든 기쁘게 일할 수 있도록 이끌어 주기도 한다. 또는 귀 기울여 듣다가 허를 찌르는 질문을 던져 깨달음을 주기도 하고, 어느 저녁 조용히 가르침을 주기도 하고 한 학기의 강의로 가르침을 주기도 한다. 어떤 가르침이든 그 가르침으로 우리는 평생 동안 지혜롭게 살게 된다.

제임스 뉴턴은 인력 개발 분야에서 30년 이상의 경력자다. 자기계발 세미나를 열고 개인이나 조직의 변화에 관한 상담을 했다. 나는 그에게서 큰 지혜와 통찰력을 배웠다. 대인관계와 조직의 변화에 어떻게 대처하는지를 배웠다.

포럼의 사회자 역할을 당신에게 인계했을 때 정말 행복했습니다. 큰 자리를 물려주고 일반 회원으로 내려오니 홀가분했을 뿐 아니라, 이제는 일반 회원으로서 당신에게 많은 것을 배울 수 있겠다고 생각했습니다. 당신은 뛰어난 지략가이자 교사였지요.

당신은 사람들의 행동에 대해 잘 알고 있어서 사람들과 깊은 교감을 나누며 일하였습니다. 매사에 열성적으로 파고드는 당신 모습은 항상 나에게 감동을 주었습니다. 그런 당신을 관찰하면서 나는 인간과 삶에 대한 소중한 것들을 배웠고, 이것은 내가 지혜롭게 사회생활을 할 수 있게 도와주었습니다. 또한 당신의 가르침에 따라 나 자신의 의식을 확장시킬 수 있는 원칙들을 세워갈 수 있었습니다. 당신의 가르침으로 인해 지혜로운 인생을 살게 되어 깊은 감사를 드립니다.

준 것보다 더 많은 것을 돌려준 사람

드물지만 나와 포럼 동료들은 의미 있는 일들에 한해, 자기가 한 자선 활동을 동료들에게 알리기도 한다. 나는 딱 한 번 그렇게 한 적이 있었다. 샌디에이고에 있는 초등과학연구소 EIS를 위해서였다.

캘리포니아로 이사한 지 얼마 안 되어 나와 롤라는 TV에서 우연히 EIS에 관한 60초짜리 광고를 보게 되었다. 방과 후와 토요일마다 샌디에이고 남동부 어느 가난한 마을의 7세에서 13세 어린이들을 위해 과학을 가르치는 초등과학연구소에 관한 내용이었다. 직접 과학 실험을 해 보며 흥미진진해 하던 아이들의 눈빛에 우리는 감동 받았다.

얼른 펜을 가져와 연락처를 적고 전화해서 방문하고 싶다는 말을 전했다. 그때만 해도 샌디에이고 지리를 잘 몰랐던 터라 우리는 지도를 보며 EIS 건물을 찾아갔다. 창문에 창살이 쳐져 있는 별로 크지 않은 흰색 회관이었다.

그 또래 어린 아이들을 위해 일을 해 본 적도 없었고 과학 분야 경험은 더더군다나 없었지만 헌신적으로 일하는 그곳 직원들과 아이들의 모습을 보고는 곧 이 일에 열성을 다하게 되었다.

당시 EIS는 17만 5,000달러의 연 예산으로 운영되고 있었다. 이런 상황에서 그들은 650만 달러의 기금을 조성하려는 방대한 계획을 세웠다. 35년 동안 쓰던 건물을 헐고 새 건물을 짓기 위한 자금이었다. 5년 동안 노력을 기울인 결과 어느 정도의 금액을 모금할 수 있었다.

EIS 경영진은 크레스지 재단에 25만 달러의 보조금을 신청해서 모금액을 채우려 했는데, 이 재단에서는 먼저 625만 달러를 모금해야 보조금 신청 자격이 생긴다고 했다. 안타깝게도 그들이 모금한 금액은 조금 부족했고 보조금 신청 마감일은 며칠 앞으로 다가와 있었다. 부탁할 곳은 다 해 본 상태라 더 이상 도움을 청할 곳도 없었다. 그때 나는 포럼 동료들에게 진퇴양난에 빠진 EIS의 상황을 알리게 되었다.

뉴욕 포럼 동료들의 따뜻한 배려로 EIS는 마감 직전에 신청서를 내고 보조금을 받을 수 있었다. 감격적인 순간이었다! 연구소는 세계적 수준의 새로운 시설을 갖게 되었다. 또한 14세부터 17세까지 고학년 학생들에게도 실험 기회가 열리게 되었다. 저학년 학생들만큼이나 고학년 학생들에게도 새롭고 효과적인 교육 프로그램이었다.

여기까지만 보면 겉으로는 EIS가 도움을 받은 것처럼 보인다. 하지만 베푼 사람은 어떤 형태로든 더 많은 것을 받게 된다. 친절과 관용을 베풀거나 자원봉사를 할 때 우리가 베푸는 것 같지만 실제로는 우리 자신이 더 많은 것을 얻게 된다는 걸 깨닫곤 한다. 우리는 타인에게 베푸는 것을 '선심' 정도로 생각하지만 실상 그것은 우리에게 '혜택'이 될 수도 있다.

도리스 앤더슨은 내가 바로 그런 소중한 체험을 할 수 있도록 이끌어 준 사람이었다. EIS의 경영진인 도리스는 뛰어난 능력의 소유자다. 그녀의 리더십과 정신력으로 EIS는 지난 20년간 많은 발전을 했다. 도리스의 유전 자 속에는 고마워하는 마음이 들어 있는 것 같다. 그래서 그녀는 나의 '빅토리 랩'에 담긴 의미를 충분히 이해했던 사람이었다. 다음은 그녀와 나눈 '감사 대화'의 일부이다.

당신이 내 인생에 미친 영향에 대해 깊은 감사의 말을 전할 수 있어서 그저 기쁠 따름입니다. 처음 만날 때부터 당신은 내가 추구하는 것이 무엇인지 잘 헤아려 주셨지요.

직접 연관된 일이 아니면 내가 쉽게 투자하지 않는 사람이란 것을 당신은 알고 있었지요. 경영에 참여하도록 내게 강요하지도 않았습니다.

대신 나에게 '특사'라는 직책을 맡기고 일을 하도록 해 주었습니다. 맞춤식 자선 활동이었다고나 할까요. 그런 식으로 참여할 기회를 주신 지혜로운 당신에게 감사할 따름입니다.

당신의 탁월한 리더십과 독창성 덕분에 의미 있는 일을 할 수 있었습니다. 참으로 보람 있었습니다. 기분 좋게 누군가를 위해 봉사하였지만, 오히려 내 자신이 더 많은 것을 받아 흐뭇한 기분이 되었습니다.

당신은 늘 보이지 않게 조용히 일에 관여했습니다. 필요한 것이 무엇인지 매사 분명하게 표현하면서도 절대로 상대방이 당신을 실망시켰다는 느낌을 갖지 않게끔 세세하게 배려했지요. 상대방의 마음을 움직여 스스로 깨닫고 일할 수 있도록 했으니까요.

EIS는 당신이 원장으로 있어 행운입니다. 나 또한 당신을 만난 것이 행운입니다.

푸릇푸릇한 젊은 세대

　사회생활을 하면서 나는 늘 사람들이 최선의 결과를 얻을 수 있도록 촉매제 역할을 하려고 노력했다. 그래서 자연스럽게 다음 세대들에게 조언자 역할을 하게 되었다. 젊은이들에게 내 인생 경험을 들려주는 일, 사회에 첫발을 내디뎠을 때 들으면 좋을 질문들을 던지는 일, 이 두 가지가 가장 도움이 된 것 같았다. 멘토들은 무엇이든 정답을 알고 있을 것으로 생각하기 쉽지만, 나의 조언이 올바른 것이었는지 되물으며 나름대로 열심히 공부한다.

　멘토들은 청소년들의 삶에 중요한 역할을 한다. 대부분 부모가 아이를 기를 때 이 역할을 제대로 해 주지 못하기 때문이다. 멘토들은 부모의 역할을 대신하거나 맞서려 하지 않는다. 오히려 그 반대이다. 멘토들은 부모 자식 사이에 있기 마련인 응어리 없이, 좋은 생각이나 경험을 아이들에게 들려주어 부모 역할을 보완해 준다.

　내 멘티 중의 한 아이가 발전하고 성공하고 큰일을 해내는 것을 보면 참으로 뿌듯하다. 내 인생도 더 의미 있게 느껴진다. 그래서 나는 내 멘티들이 정말 고맙다. 이상 속의 이야기라 생각했던 이런 일들이 현실에서 실현되는 것을 볼 때면 보람을 느낀다.

　젊은 세대에게 조언을 주는 것이 오히려 우리에게 축복인 이유가 또 있다. 나와 내 또래들이 이 세상을 떠나더라도 이 청소년들은 이 세상에 남아 있기 때문이다. 지금 머릿속에 내 친구 아들인 앤드루 제노프가 떠오른다.

앤드루가 어릴 때 이후, 앤드루와 내가 멘토와 멘티 관계로 다시 만난 것은 그가 스물일곱 살 때였다. 그 후 앤드루는 사업이나 인생 문제에서 내 조언을 따랐고 우리는 지난 15년간 정기적으로 대화를 나누었다. 그러면서 우리는 많이 친해졌다.

앤드루, 고맙네. 아끼는 사람들에게 조언을 해 주고 길을 안내하는 역할은 대단히 보람 있고 또 배우는 것도 많다네. 내가 그런 역할을 맡아 그런 능력을 키울 수 있게 된 것은 다 자네 덕분이네. 이제 더 많은 사람들을 도울 수 있게 되니 내가 더 유능하고 가치 있게 느껴진다네. 멘토로서의 일은 이제 내 인생에서 큰 의미가 되었네.

그리고 자네가 다른 사람들을 도우면서 '그 대가를 톡톡히 지불하고 있으니' 더할 나위 없이 마음이 흡족하다네.

자네가 습득한 가치나 능력, 또 향후 사람들에게 끼칠 영향도 중요하지만 그보다 더 중요한 것은 지금껏 다져온 우리의 특별한 관계라네. 자네가 선사한 기쁨, 사랑과 열성적인 지지는 내 인생에 진정한 의미를 심어 주고 꽃을 피워 주었네.

믿음을 가르쳐 준 사람

사람들은 믿음 속에서 태어나고 자란다. 가족이 아닌 사람이 우리에게 좋은 가치관을 심어 주는 경우도 있다. 자기중심적 생각에서 벗어날 수 있게 도와주고 인생이라는 큰 테두리 안에서 삶과 죽음을 바라보고, 마음의 평화를 주고, 우리 둘레를 다르게 바라보는 법을 알려 주는 사람들과 만나기도 한다. 혼자서는 이런 것을 다 깨닫기는 어렵다. 그런 깨달음을 주는 이는 참 대단하다.

신이 항상 우리와 함께 한다고 느끼지만 엄격한 의미에서 보면 나는 독실한 신자는 아니었다. 그러나 가까운 사람들이 믿음으로 힘을 얻는 것에 놀라기도 하고 그 진가를 높이 평가하기도 한다. 이제 종교와 관련하여 세 사람을 소개하려 한다.

절친한 친구, 스티브

스티브 라이먼과 나는 자주 만나 인생 문제를 의논하곤 했다. 우리는 이 만남을 '커피 데이트'라 불렀다. 한 시간 남짓한 짧은 만남이지만 우리에게는 참 큰 의미가 있다. 우리 우정은 일생을 함께 해 온 친구처럼 깊이가 있었다.

자네는 내게 항상 깊은 감화를 주었네. 언제나 가족과 종교에 헌신하고, 모든 일을 즐겁게 대하려 노력하는 자네의 자세는 자신을 돌아보게 하는 계기가 되곤 하였네. 언젠가 힘든 일을 도맡아 처리하는 자네를 보며 또 많은 것을 배웠네. 자네는 내 인생에 큰 가르침을 주었지.

자네는 자선 활동에도 기준을 뚜렷이 세워 놓고 실천하는 사람이었지. 나에게 뜻깊었던 초등과학연구소 EIS 시설 설립에 자네가 보여 준 온정의 손길은 결코 잊지 못할 것이네. 자네만큼 너그러운 사람을 찾기가 쉽지 않지. 자네는 온정의 그랜드 슬램을 거둔 사람이라고나 할까.

나는 자네의 장난스런 기질도 참 좋다네. 재미있는 이야기를 잘도 했잖은가. 자네와 이야기를 주고받으면서 얻은 것도 많고 즐거움도 컸네. 그것은 무엇과도 바꿀 수 없다네. 고단한 삶에서 산소와 같은 활력소가 되었다네.

우리가 함께 있든 그렇지 않든 항상 자네와 자네가 해 준 격려를 나는 기억할 걸세. 자네 생각만으로도 나는 걱정이 덜어지고 위안이 된다네. 자네의 따스한 마음에 무한한 신뢰와 존경을 보내네.

가정적인 남자, 톰

샌디에이고 포럼의 동료 회원 톰 리고리의 딸 리사는 내 멘티이다. 감사의 대화 중에 그는 리사가 보낸 편지 한 통을 읽어 주었다. 리사와 아빠 톰은 터놓고 얘기하는 허물없는 사이로, 누가 봐도 멋진 부녀였다.

딸의 편지를 읽어 주는 당신에게 나는 감동했답니다. 내가 리사에게 조언을 해 주는 것 자체에 만족하고 나에 대해서도 높이 평가해 주었지요. 그것은 남자로서도 멋진 모습이었지요.
또한 당신과 당신 아버지의 관계에도 놀랐습니다. 몇 년 전 당신이 아버지와 35년 동안 함께 일을 하며 매일 함께 산책한다고 말한 적이 있지요. 정말 놀라웠습니다. 당신은 '가정을 최우선'으로 생각했고, 자기 절제와 확고한 가치관과 내적 강인함 같은 덕목들을 삶에 그대로 실천하였습니다.
지난날 절망스러운 일을 겪었을 때 '시련에는 다 이유가 있는 법'이라 위안하며 슬기롭게 해결해 나가던 모습이 감동 깊었습니다. 정 많고 배려심 깊은 당신의 성품은 훌륭한 본보기가 되었지요. 그런 당신 덕분에 내 인생은 더욱 성숙해졌습니다.

평온을 빌어 주었던 테리

테리 미한은 금융 분야에서 일했던 사람이다. 회사를 처분한 후에는 투자자문회사를 차렸다. 너그러운 자선가이자 독실한 신앙인이기도 하다.

언젠가 테리가 지갑에서 낡은 종이 한 장을 꺼내어 내게 주었다. '평온을 비는 기도문'이었다. 그는 매일 이 기도문을 읽으며 위안을 받는다고 말했다. 구구절절 가슴에 와 닿는 기도문이었다. 그 기도문이 나에게도 마음의 평화를 줄 것이라 생각한 그의 따뜻한 배려에 나는 큰 감동을 받았다.

당신의 지혜와 호의 그리고 우정은 내 인생의 행운이었습니다.
당신은 신앙심 깊고, 날카로운 통찰력을 가졌으며 자선 활동에서도 열성적이고 지혜로웠죠.
당신은 매일 종교 생활을 실천하며 살고 있지만 누구에게도 결코 강요하지 않았습니다. 그러면서도 저 높은 곳에 우리보다 위대한 존재가 분명 있으니 거친 인생사를 너무 힘들게 받아들이지 말라며 격려해 주었습니다. 그 조언을 가슴 깊이 새겨 두었습니다. 당신은 저의 이정표이자 신앙생활의 지표입니다.

당신의 다른 사람을 배려하는 마음과 불쌍한 사람들을 측은하게 여기는 마음은 진정 타의 추종을 불허합니다. 당신은 세계급식 선교회 *Bread for the World*를 지원하는 일이든, 대의를 위해서든, 아니면 친한 친구를 돕는 일이든, 매일 솔선수범 실천하며 살았지요.

당신의 그런 행동들이 내게 잊혀지지 않습니다. 인생에 당신 같은 친구가 있다는 것은 정말 나의 큰 행운입니다.

나의 인생 여정에서 사람들이 준 영향은 결코 과소평가될 수 없다. 사람들과의 관계를 활짝 열어 그대로 보인 것은, 내가 느끼는 고마움의 강도를 독자들도 느꼈으면 하는 바람에서였다. 여기서 언급한 사람들이나 그들과 나눈 대화는 독자들에게도 그런 예가 있을 법한 내용들을 뽑은 것들이다.

독자들에게는 고마운 사업 동료나 멘티 같은 사람이 없을 수도 있다. 하지만 배우자나 자녀들은 있을 것이다. 배우자나 자녀는 인생에서 가장 가까우며 평생 이어지는 관계이다. 그래서 그 특별한 이야기는 마지막을 위해 아껴 두었다.

144 감사로 움직여라

고기 잡는 법을 가르쳐 주고 또 평생 동안 쓸 기술을 전해서
우리를 쓸모 있는 사람으로 만들어 주는 일은 얼마나 가치 있는가?
우리가 사회에 무엇인가 도움이 되는 사람이 될 수 있도록
무슨 일이든 기쁘게 일할 수 있도록 이끌어 주기도 한다.
또는 귀 기울여 듣다가 허를 찌르는 질문을 던져 깨달음을 주기도 하고
어느 저녁 조용히 가르침을 주기도 하고
한 학기의 강의로 가르침을 주기도 한다.
어떤 가르침이든 그 가르침으로 우리는 평생 동안 지혜롭게 살게 된다.

가족은 내 인생의
보석 상자

누군가의 내일이 사라지기 전에 오늘,
당신이 사랑하는 사람들을
소중히 여기고 그들에게 감사하자.

– 미쉘 C. 유스타제스키

내 인생 여정에서 늘 함께 한 세 사람. 바로 아내와 두 아들이다. 나는 가족들의 생일이나 기념일에는 직접 카드를 써서 선물했다. 축하 행사도 열어 카드를 읽으며 분위기를 띄우기도 했다. 가슴 찡한 시간들이었다.

나뿐만 아니라 누구나 가족과 함께 보냈던 순간들이 기억 속에 남아 있을 것이다. 그러나 남편이나 아내, 자녀들에게 특별하게 감사 표현을 한 사람은 거의 없을 것이다. 그들이야말로 가장 먼저 챙겨야 하는 사람들인데도 말이다. 말 안 해도 서로 마음을 잘 알고 있다고 생각하기 쉽고, 너무 가까워서 그들이 곁에 있다는 것을 당연하게 여기기 때문이기도 하다. 인생에서 그들이 얼마나 큰 비중을 차지하는지 인식조차 못할 수도 있다. 하지만 가만히 그들을 바라보면 그 고마움을 뼈저리게 깨닫게 된다.

이제 내 삶에서 가장 소중한 사람들에게 집중할 시간을 갖게 되어 정말 기쁘다.

나의 사랑 나의 보석, 아내 롤라

가족은 인생의 초석과도 같다. 아내와 아들들에게 고마운 마음을 전할 때 그 어느 때 보다 더 넓고 깊은 마음을 표현했다. 이런 대화는 우리 삶을 풍요롭게 한다. 가족들도 나와 같은 느낌이라고 말했다.

배우자는 인생에 가장 많은 영향을 미치는 사람일 것이다. 아이가 있다면 남편과 아내는 자식의 부모이기도 하다. 배우자는 우리의 가장 귀중한 유산인 자식을 낳아 보살피며 키운다. 결혼하고 가정을 이루는 시기는 인생에서 가장 변화가 많은 때인데 이변이 생기지 않는 한 부부는 죽을 때까지 그 길을 같이 걷게 된다.

나는 롤라와 대화할 수 있는 시간을 손꼽아 기다렸다. 두고두고 기억에 남을 장소에서 대화하기 위해 케냐에서 사파리 캠프로 여행갈 때까지 기다렸다. 물론 생일이나 기념일에 카드를 쓰거나 둘만의 시간을 보낼 때 '고맙다'는 말을 해서 따로 감사의 대화 시간을 갖지 않아도 되는 건 아닐까 걱정했다. 그러나 그것은 괜한 기우였다!

먼저 내 자신에게 질문을 던졌다. "아내가 내 인생에 얼마나 영향을 미쳤을까?" 질문의 답을 차근차근 기록하고 그 기록을 읽었더니 감정에 북받쳐 눈물이 흘렀다.

예사롭지 않았던 우리의 만남과, 함께 경험했던 잊혀지지 않는 일들을 회상하면서 아내에게 이렇게 고마움을 표현했다.

사랑하는 아내 롤라에게,

롤라, 내 삶에 당신만큼 많은 영향을 준 사람은 없었소. 그 비슷한 사람도 없을 것이오. 나와 만난 후로 당신은, 내게 중요했던 모든 일들을 먼저 계획하고 또 열성적으로 지원해 주었소.

결혼 후 처음 5년 동안 우리는 세 개의 주(州)를 넘나들면서 네 번이나 이사를 다녔지. 그 와중에 쌍둥이 아이들도 태어났고, 나는 직장을 다섯 번 옮기고 마지막엔 신생 업체에 투자한다고 노후 자금을 전부 쏟아 부을 때도 당신은 아무 말 없이 밀어 주었소. 15년 동안 내가 회사를 키우느라 전력투구하는 동안 당신은 홀로 부모의 책임을 감당해야 했소. 당신만큼 자식에게 헌신하며 사랑을 베푼 부모도 없을 것이오.

지난 세월 추수감사절, 깜짝 생일 파티, 가족 모임 때마다 당신은 '모범' 그 자체였소. 특히 나를 위해 아홉 달 동안 준비했던 깜짝 주말 파티에 대해 사람들은 지금까지도 얘기를 한다오. 그때 25년 전의 내 클럽 동창들에게 연락을 해서 다들 모이게 했잖소? 정말 대단한 선물이었소.

당신이 대학 다닐 때부터 좋아했던 여행은 당신의 여행 책 『멋진 해변 Great Places by the Sea』에서 아름답게 표현되었소. 그 열정은 내 인생에 커다란 영향을 미쳤소. 우리는 지난

20년 동안 전 세계를 돌아다녔지. 죽기 전에 꼭 하고 싶은 '버킷 리스트'에 있는 여행지는 안 가본 데가 거의 없지 않소.

우리 형편에 맞는 평범한 집을 장만해도 당신의 손길만 닿으면 따뜻하고 멋진 집으로 변하곤 했지. 가진 것이 많지 않던 시절이었는데도 당신이 있어서 가능했던 일이었소. 집은 '기억 은행'의 예금 같은 가족들과 친구들의 사진으로 가득 차곤 했지.

사람 좋아하는 당신 덕에 우리는 어디 살건 재미있고 특별한 사람들과 정을 나누며 살았소. 나는 그저 참석만 하면 되었소.

그러나 당신의 탁월함은 단지 그런 일들을 해냈다는 데 있는 것이 아니었소. 일을 척척 해 내는 순발력과 삶에 대한 열정은, 내 삶에도 생기를 불어 넣으며 균형을 잡아 주었소.

사실 나는 온 마음을 다해 사랑할 수 있는 사람을 만나기를 꿈꿔 왔소. 그런데 당신의 눈, 당신 목소리, 내면과 외모가 모두 아름다운 당신을 만나다니! 진부하게 들릴 수도 있겠지만, 그저 꿈만 꾸던 것이 현실로 내 눈앞에 나타난 것 같았소. 스물네 살에 나보다 더 결혼을 잘한 사람도, 나만큼 축복 받은 사람도 없을 것이오.

마지막으로 내가 '빅토리 랩'을 다니는 동안 당신이 보여 준 열렬한 성원은 그야말로 특별한 선물이었소. 당신의 깊은 사랑과 헌신, 영원토록 고마워할 것이오.

부모의 모든 것, 아들과 딸들

부모는 모든 것을 다 바쳐 자녀를 키웠으니 자녀들이 부모에게 고마워해야 한다고 생각할 수도 있다. 잠도 제대로 못자고 여가 시간도, 개인적인 즐거움도 포기하고 희생하며 자식을 보살피고 교육시켰다. 그러니 자식들이 고마워해야 하는 것은 당연하다, 라고 말이다. 그러나 나는 이런 생각에 더 이상 동조하지 않는다!

우리는 스스로에게 이런 질문을 꼭 던져 보아야 한다. **"우리 아이들이 내 인생에 얼마나 결정적인 영향을 미쳤는가?"**

만약 자식들이 자신에게 중요하다고 생각한다면 아주 특별한 방법으로 자녀들에게 이 사실을 알려 주어야 한다. 나는 그렇게 했다. 성인이 된 아이들과 격식을 갖추어 대화를 나누었던 일은 그 어떤 대화보다도 의미심장했고 감동 깊었다.

똑같은 질문을 내게 던져 보니 답이 쉽게 나왔다. 이란성 쌍둥이인 조나단과 제이슨에게 나는 똑같은 세월 동안 아버지로 살았다. 그렇지만 두 아들이 나에게 영향을 준 방법은 다 다르고 특별했다.

나는 자식들에게 고마운 마음을 충분히 표현하며 살았다고 생각했다. 그러나 정작 감사의 대화를 했을 때 자식들은 여태 내가 고맙다고 말한 적이 없었다고 했다. 두 아들과 감동적인 대화를 나누고 나니 일년간의 나의 감사 여정이 더욱 보람 있게 느껴졌다. 이런 기회를 마련하기를 정말 잘했다는 생각이 들었다.

내가 아이들과 나누었던 대화가 독자들에게 생각하는 기회가 되었으면 한다.

쌍둥이 아이들의 탄생은 내 인생에 중요한 획을 그었다. 내 나이 스물여덟 살 때였다. 하룻밤 사이에 우리는 아이 없는 맞벌이 부부에서 갑자기 외벌이로 네 명이 먹고 살아가게 되었다. 이런 데다가 나는 쌍둥이들이 한 살 될 무렵 새로운 사업을 시작했다.

아이들이 어렸을 때는 경제적으로나 정서적으로 계속 허덕여야 했다. 다행스럽게도 롤라는 우리에게 닥친 시련을 충분히 받아들이고 내조를 잘해 주었다. 그러나 어린 아이들은 우리가 처한 현실을 이해하지 못할 때였다. 나는 실천으로 모범을 보이며 가치 있는 것을 가르치려 애썼다.

내 아들 조나단은 아버지와 아들 사이가 '멋진 춤'과 같다고 표현했다. 나도 조나단의 말에 동의한다. 우리 부자의 특성을 완벽하게 표현한 말이다. 나도 일찍이 느끼고 있던 것이었다.

아이들이 내게서 많은 것을 얻어 가길 바랐다. 그렇게 춤이 시작되었다. 내가 먼저 이끌었다.

아이들과 나는 세대도 다르고 세월도 변했다. 아이들이 나를 꼭 빼닮았다 하더라도 그들은 나와는 다른 음악에 맞추어 춤을 추어야 한다. 그들만의 음악에 맞춰……. 쌍둥이긴 하나 두 아이도 서로 많이 다르다. 다른 만큼 시간이 흐르면 음악도 동작도 더욱 뚜렷하게 달라지기 마련이다. 그들은 앞으로도 각자의 음악에 맞추어 '멋진 춤'을 추게 될 것이다.

지금까지 변하지 않은 것이 있다면 나와 아이들이 공유하는 가치다. 우리는 서로 격려하고 사랑하고 존경하면서 늘 부자 관계를 잘 이어 왔다. 이 모든 요소들이 인생의 '무대'를 만든다. 내 경우, 실천하는 산증인이 되어 보인다는 원칙을 지금까지도 지키고 있다. 아이들이 필요할 때 내게 팔을 뻗어 도움을 청할 수 있다면 진정 나는 축복 받은 사람이다.

스포츠를 통해 서로 공감대를 형성하였던 아들 조나단과 대화할 장소로는 골프 리조트를 선택했다. 수려한 자연 환경을 마음껏 즐기며 골프도 치고 속깊은 대화를 나누며 고마운 마음을 전하기 좋았다. 그리고 사람들을 돕는 일에 보람을 느끼고 일을 처리함에 있어서 빈틈 없는 또 다른 쌍둥이 아들, 제이슨과는 케냐에서 대화를 가졌다.

아이들과 대화하며 알게 된 사실들이 지금은 그렇게 고마울 수가 없다. 이제 그 감동스런 순간들을 독자들과 조금이라도 나누고 싶다.

사랑하는 아들 조나단에게,

퇴근해서 너와 놀며 지냈던 순간들은 내게 특별했단다. 내가 우리 가족을 책임지고 있다는 것을 깨닫는 순간이기도 했지. 내 인생 최대 과제이자 기쁨이니 더욱 잘하자고 각오를 다지곤 했지. 세월이 흘러 가족끼리 여행했던 순간도 정말 좋았단다.

네가 스포츠를 즐기게 되어 다행스럽구나. 네가 자랄 때 즐겼던 터치 풋볼이나 탁구, 테니스, 배구는 재미만 준 것이 아니라 팀워크와 스포츠 정신, 경쟁심 같은 인생 가치를 가르쳐 주는 좋은 계기였지.

보디빌딩에 관심을 쏟던 열여섯 살 무렵, 우리 회사의 최첨단 운동 시설을 마련하는 일을 네가 도와주었을 때 함께 뭔가를 이룬 것 같아 이 아버지는 그렇게 뿌듯할 수가 없었단다.

대학 다닐 때 가난한 아이들을 위해 대규모 행사를 기획하는 너를 보고 정말 감동 받았단다. 졸업 축하금으로 받은 돈을 장애아 돕기 '말 입양' 프로그램에 기부하면서 너는 이런 말을 했지. 외할아버지가 의사셨고 한 번도 본 적은 없지만 친할아버지도 말을 좋아하셨으니까 할아버지들을 기리며 한 일이라고. 지금도 그때 생각을 하면 목이 멘단다.

천성이 진취적인 너는 무슨 일이든 열성을 쏟았지. 잡지든 투자

뉴스레터든, 인터넷 회사든 남들보다 항상 10년을 앞서 갔었지. 어릴 때부터 너는 우리에게 특별한 기억을 많이 선물해 주었단다. 내 기억 속에 고스란히 남아 있구나.

너와 골프 여행도 자주 하고 TV로 중계되는 경기에 대해 전화로 얘기하기도 했었지. 이런 모든 것들이 너와 나를 단단하게 이어 주었단다. 스포츠는 너와 내가 깊고 폭넓게 소통하는 장이나 마찬가지였지.

네가 나에게 NBA게임을 구경시켜 주었던 일은 절대 잊지 못할 거야. 너무 재미있어서 그 이후 몇 번이나 더 갔었던 것, 기억나니? 그때 우리는 스포츠 구경만 한 것이 아니라 너의 열정을 함께 느꼈던 것이지. 그리고 너와 내가 함께 경기를 보았다는 사실이 내겐 더 소중했단다.

너만의 방식으로 일을 처리하며 인생을 살아가는 모습이 고맙고 기특하구나. 네 덕분에 나도 틀에서 벗어날 줄도 알고 융통성도 생기고 훨씬 활발해졌단다.

내 삶도, 너에 대한 사랑도 더 깊어졌으니 그 이상 무엇을 더 바라겠니.

사랑하는 아들 제이슨에게,

국제아동기구인 '어린이들에게 자유를 *Free the Children*'에서 일하면서 너와 이야기하게 되니 더 흥분되는구나. 모든 일을 제쳐두고 나를 위해 9일 동안이나 시간을 내주다니 표현할 수 없을 만큼 기쁘고 고맙구나.

우리가 함께 했던 가족 행사나 여행, 스포츠 이 모든 것이 너를 키우는 데 중요한 역할을 했다는 것이 참 뿌듯하구나. 고등학교와 대학교, 하버드 경영대학원, 그 이후에도 공부하면서 교육 관련 일을 하던 소중한 경험들이 네가 벤처 캐피탈 회사를 설립하고 무한책임사원까지 될 수 있었던 원동력이 되었던 건 아닌가 싶다. 그러면서도 비영리 단체에서 봉사 활동을 하며 결국 리더의 자리에 오르게 되었구나.

너는 안목 높고 신중해서 좋은 친구들을 많이 사귀었지. 또 아름답고 지적인 앤을 아내로 맞을 수 있었잖니.

찰리와 윌슨이 태어나면서 네 어머니와 나는 참 마음이 풍요롭구나. 손주들은 우리의 자랑이자 기쁨이란다. 너희 집에서 하룻밤 묵는 날 아침이면 영락없이 찰리와 윌슨이 침대에 뛰어 올라와 우리를 기분 좋게 깨우곤 했지. 그 따뜻한 온기와 가슴 뭉클한 기억은 평생 잊지 못할 거야.

내가 너를 얼마나 자랑스럽게 생각하는지 말했던 적이 있지. 매사에 넌 빈틈이 없는 아이였단다. 나는 일을 대하는 너의 태도가 무엇보다 기특하단다. 교육 일들을 다 해 보고 여행도 하고 직장 일도 집안일도 성심껏 대해서 좋은 성과를 내곤 했지.

하지만 내가 더 크게 평가하는 건 다른 데 있단다. 너도 알겠지만 나는 삶의 의미를 다른 사람들을 돕는 데서 찾잖니? 내 가족과 좋은 단체를 돕는 일만큼 기쁨을 주는 일은 이 세상에 없더구나. 너는 사람들을 돕고 싶다며 여러 번 나를 찾곤 했지.

처음 네가 도움을 청하던 때가 생각나는구나. 친구들을 위한 모임을 만든다고 내게 도와달라고 했었지. 얼마나 가슴이 뭉클하던지. 너는 친구들에게 우리 아빠와 상담하면 인생의 안개가 싸악 걷히면서 문제가 확 풀릴 것이라고 자랑하고 다녔지.

네가 후원하는 자선 단체와 회의 진행을 위해 도움을 청했을 때는 네가 정말 대단하게 생각되더구나.

다 큰 아들이 아버지의 충고와 조언을 구하다니 정말 마음이 뿌듯했단다. 너와 네 친구들이 가치 있다고 여기는 일에 내 힘을 보탤 수 있어서 얼마나 기뻤는지 모르겠다. 앞으로 네게 더 많은 도움을 줄 수 있었으면 좋겠구나.

제이슨에게 고맙다는 말을 다 마쳤을 때 제이슨은 놀라움을 감추지 않았으며, 내게 깊은 감사를 전했다. 그리고 제이슨은 감사의 표시로 나를 위해 쓴 시를 읽어 주었다. 한 구절 한 구절이 내 마음에 깊이 아로새겨졌다.

> ❛아버지는 제게 생명을 주셨고
> 아버지는 제게 사랑을 주셨죠.
> 아버지는 좋은 출발을 할 수 있게 해 주셨고
> 그리고 조용히 자리도 비켜 주셨습니다.
> 당신에게 영원토록 감사합니다.❜

후에 제이슨은 100장이 넘는 사진을 넣은 앨범과 글, 그리고 우리가 함께 여행 갔던 곳을 표시한 지도를 넣고 시를 새겨 넣어 내게 선물했다. 케냐에서 함께 했던 특별한 시간이 더 소중해지도록.

제임스 오툴은 그의 책 『멋진 인생을 창조하기 Creating the Good Life』에서 이렇게 적어 놓았다. "'인간이 지닌 가장 소중하고 보람 있는 능력은, 새로운 아이디어를 습득하고 그렇게 습득한 것을 다른 사람들을 돕고 가르치는 데 쓰는 것이다.'라고 아리스토텔레스는 말했다."

지금까지의 글이 독자들 가슴에 와 닿아, 진정 마음을 움직였길 바란다. 마음이 움직인 후에는 이제 구체적인 실천을 계획할 차례이다. 나의 감사 여정 경험담이 독자 모두에게 유용하게 쓰이길 진심으로 바란다.

이제 다음 장에서는 독자들이 직접 감사 표현을 할 때 필요한 모든 것을 소개하겠다.

후에 제이슨은 100장이 넘는 사진을 넣은 앨범과 글,
그리고 우리가 함께 여행 갔던 곳을 표시한 지도를 넣고
시를 새겨 넣어 내게 선물했다.
케냐에서 함께 했던 특별한 시간이 더 소중해지도록.

3. 감사는 마음을 움직여 기적을 낳는다

당신만의 방법대로 실천하라

감사의 마음을 말로 전하는 것은 정중하고 예의바른 일이고,
감사의 마음을 행동으로 보여 주는 것은 대범하고 고상한 일이지만
감사의 삶을 사는 것은 하늘을 감동시키는 일이다.

- 요하네스 A. 게르트너

진심 어린 감사가 기쁨을 준다는 확신이 들면 이제 표현 방법을 찾으면 된다. 진정 해야 할 일이라는 생각이 들었다면 방법은 문제 되지 않는다. 그래도 그 시작에 도움이 되었으면 하는 바람으로 몇 가지 제안을 한다.

감사 표현을 해야겠다고 마음먹고 나면 표현 방법에 집착하게 될 수도 있다. "고마워!"라는 말을 자주 하기는 해도 진정에서 우러난 감사 표현을 하는 것은 그리 흔하지 않다.

진정한 감사 표현은 인생에 중요한 의미를 주었던 과거의 일들에 대해 감사의 마음을 표현하는 것이다. 다시 말해 우리의 인생을 일으켜 주고 변화시켰던 고마운 사람들을 만나서 우리 인생이 어떻게 달라졌는가 하는 점이 핵심이다. 감사를 전할 때 고마운 점을 분명히 전할 필요가 있다.

실천에 옮길 준비가 되었으면 다음의 질문에 쉽게 답할 수 있을 것이다.

실천에 옮기기 전에 질문해야 할 것들

1. 누구에게 감사 표현을 할 것인가?
2. 그들에게 무엇을 전달할 것인가?
3. 어디에서 어떻게 감사의 마음을 전달할 것인가?
4. 그 이후엔 어떻게 해야 하는가?

실천 1 감사할 사람들 목록 만들기

먼저 자신이 감사드릴 사람 목록을 만들어 보자. 사람의 수는 중요하지 않다. 가장 중요한 것은 목록에 오른 사람들이 오래도록 당신의 인생에 깊은 영향을 주었는가 하는 점이다.

그런 사람들이 쉽게 떠오르지 않으면 아래 목록을 참고하자.

감사드릴 대상 목록

- 가족 : 부모, 조부모, 형제, 자매, 아들, 딸, 배우자, 인생의 동반자, 이모/고모, 삼촌, 사촌, 인척 관계의 사람들
- 선생님 : 운동 코치, 멘토, 상담가, 교수, 강사, 세미나 리더
- 건강관리사 : 의사, 물리 치료사, 척추 지압사, 운동 트레이너

- 전문가 : 고용주, 동업자, 투자자, 은행원, 컨설턴트
- 개인 상담자 : 변호사, 세무사, 투자 상담가, 보험·부동산 중개인
- 친구 : 평생 친구, 가까운 친구, 동네 사람
- 삶을 한 차원 높여 준 사람 : 예술가, 음악가, 인테리어 디자이너, 작가, 건축가
- 정신적 지도자 : 목사, 신부, 스님, 기타 성직자
- 공무원 : 경찰관, 소방관, 응급 구조 대원, 정당 대표
- 서비스 제공자 : 가정 도우미, 헤어 디자이너
- 학생 : 멘티, 견습생
- 계열 그룹 회원 : 보이 스카우트, 걸 스카우트, 스포츠 팀 동료, 남·여학생 클럽 회원들, 북클럽 회원, 운동 친구, 교인들, 취미 동료

사람들을 선택했으면 이제 그들이 당신에게 어떻게 영향을 미쳤는가 곰곰이 생각해 보자.

나의 감사 목록
- 가치와 원칙을 주입시켜 주었다.
- 인생의 의미를 더해 주었다.
- 성공에 영향을 주었다.

- 중요한 사람들을 소개시켜 주었다.
- 기술을 가르쳐 주었다.
- 어려움에 대처하는 태도나 행동에서 좋은 귀감이 되었다.
- 상황이 좋을 때나 나쁠 때나 언제나 함께해 주었다.
- 삶의 질을 높여 주었다.
- 훌륭한 전문 서비스를 제공했다.
- 당신에게 기쁨과 즐거움, 웃음을 가져다 주었다.
- 목숨을 구해 주었다.

목록을 작성할 때 인생을 단계별 혹은 10년 단위로 나누고 각 단계별로 누가 인생의 진로를 변화시켜 주었는가 생각해 본다. 예를 들면 어린 시절에 당신을 돌봐 준 사람들에게 많은 영향을 받았을 수 있다. 신혼부부가 아기를 기를 때 동네 어른들이 조언과 도움을 주었을 수 있고, 퇴직한 사람이라면 누군가가 당신에게 새로운 활동이나 취미 생활을 소개해 주어 생활에 활력을 되찾게 해 주었을 수도 있다.

혹은 전혀 다른 방법으로 인생을 변화시켜 준 사람들이 있을 수 있다. 당신이 정리 해고되거나 노숙자가 되었거나 퇴직 연금이 줄어들었을 때 전문 상담가 또는 다양한 기관이나 조직의 근무자 혹은 친구, 가족들이 어려움에 처한 당신의 인생 안내자가 되었을 수도 있다.

시련을 겪고 나면 실제로 감사를 전할 일이 많기 마련이다. 시련은 때때로 감사의 의미를 온몸으로 느낄 계기가 되기도 한다.

실천 2 감사 표현의 구체적인 내용 정하기

 목록을 만들면 사람마다 고마웠던 일들이 떠오르면서 그 마음을 명확하게 표현하고 싶다는 생각이 들 것이다. 먼저 그들이 당신 인생에 어떤 도움이 되었는지 구체적으로 밝힌다. 분명하게 표현할수록 당사자는 당신의 마음을 제대로 받아들이게 된다.

고려해야 할 사항들
- 영향이 일회성인가 아니면 여러 번이었는가, 평생을 두고 영향을 미쳤는가? 또는 롤 모델로서 영향을 주었는가?
- 일이 일어난 배경은 어디인가?
- 어떤 순간, 어떤 사건이 인생을 바꿔 놓는 계기가 되었나?
- 느낌이 어떠했나? 지금까지도 그것이 중요한 이유는 무엇인가?

 사람별로 당신의 인생에 어떻게 영향을 주었는지를 적어 보자. 다음 장에서 감사 표현과 감사의 마음을 전하는 몇 가지 예를 소개한다.

 **여러 가지 감사 표현**

"당신의 인격과 바른 가치관은 제게 훌륭한 모범이 되었습니다."
- **구체적인 표현** : "직장을 잃고 생활이 변했어도 실망하지 않고 의연하게 헤쳐 나가는 모습을 보며 깊은 감동을 받았습니다."
- **속 깊은 표현** : "인생에 정말 중요한 것이 무엇인지 절실히 깨닫게 되었지요. 덕분에 저의 부족한 점들을 고치게 되었습니다."

"당신은 훌륭한 사람의 표본입니다."
- **구체적인 표현** : "굴곡 많은 결혼 생활을 하면서도 꿋꿋이 버텨나가는 모습, 연로하신 시어머님을 모시고 사는 모습은 훌륭한 며느리의 표본을 보여 주셨습니다."
- **속 깊은 표현** : "인생에서 소중한 사람들과의 관계를 다시 생각해 볼 수 있는 기회를 주셨습니다."

"당신은 내게 마음의 안정과 위안을 주었습니다."
- **구체적인 표현** : "직장에서 아무리 스트레스를 받더라도 집에 가면 평화를 얻고 격려도 받았습니다."
- **속 깊은 표현** : "이런 까닭으로 저는 당신에게 한결같은 마음일 수밖에 없지요. 덕분에 훨씬 바른 사람이 된 것 같습니다."

"경력을 쌓을 수 있는 기회를 열어 주셨지요."

- **구체적인 표현** : "당신 삼촌이 저를 소개했고, 당신이 좋게 말해 주어 이 분야에 첫발을 내디딜 수 있게 되었습니다."
- **속 깊은 표현** : "일이 마음에 듭니다. 제 마음이 행복하고 충만한 것은 당신 덕분입니다. 그래서 저도 다른 사람을 도와야겠다는 생각을 합니다."

"당신은 늘 나의 챔피언이었습니다."

- **구체적인 표현** : "제가 일을 잘못 처리했을 때도 제게 힘을 실어 주셔서 해고의 위기를 넘길 수 있었습니다."
- **속 깊은 표현** : "저에 대한 당신의 신뢰가 있었기에 더욱 박차를 가해 노력한 끝에 이제는 훌륭한 사원이자 동료가 될 수 있었습니다. 당신을 보면서 다른 사람을 돕는 일이 어떤 의미인지 배웠습니다."

"당신은 나를 충분히 이해했습니다."

- **구체적인 표현** : "제가 직장을 그만두고 치즈 가게를 시작했을 때 / 티벳으로 이주했을 때 / 문신에 탐닉했을 때 당신은 충격 받거나 실망하지 않은 유일한 사람이었습니다."
- **속 깊은 표현** : "제가 찾아갔을 때 믿고 받아 주셔서 비로소 제 본연의 모습을 되찾을 수 있었습니다. 정말 큰 선물이었지요. 당신을 본보기 삼아 다른 사람들을 제 멋대로 판단하지 않게 되었습니다."

"당신은 큰 바위와도 같았지요."
- **구체적인 표현** : "제 비밀도 숨김없이 말할 수 있는 사람이 있어서 정말 큰 위안이 됩니다."
- **속 깊은 표현** : "당신은 진실함의 전형입니다. 제게 마음의 평화도 주었지요. 그래서 저도 저를 믿고 의지하는 사람들에게 한결같은 사람이 되기로 했습니다."

"당신은 가장 신뢰할 수 있는 반향판입니다."
- **구체적인 표현** : "당신은 제가 어떤 집을 살지 결정을 못하고 있을 때 인내심 있게 들어 주고 제게 조언을 해 주었고, 명철한 판단력으로 옳은 결정을 내리도록 도와주었지요."
- **속 깊은 표현** : "사소한 일조차 다른 사람의 조언이 얼마나 도움이 되는지 일깨워 주셨습니다."

"당신은 제게 항상 웃음을 선사했고, 그래서 함께 하는 순간이 항상 유쾌했습니다."
- **구체적인 표현** : "함께 한 자동차 여행이 생각날 때마다, 대륙을 횡단하면서 얼마나 웃었는지 떠오를 때마다 그때의 즐거움이 생생하게 느껴집니다."
- **속 깊은 표현** : "당신을 보며 유머의 진가를 알게 되었고 어떻게 하면 인생을 즐겁게 살 수 있는지도 배웠습니다."

실천 3 감사의 마음을 전하는 실행 계획 짜기

누구에게 고마운 마음을 표현해야 하는지, 왜 그 사람이 고마운지를 알았다면 이제 그것을 가장 멋지게 전할 방법을 결정할 차례이다.

가장 좋은 방법은 직접 만나 얼굴을 맞대고 이야기하는 것이다. 이 일이 즐겁고 의미 있으려면 가장 편한 방법을 택하는 것이 중요하다. 다시 말해서 감정을 말로 잘 표현하지 못한다거나 말솜씨가 없거나 내성적이라든가 또는 쉽게 당황한다면 직접 만나 대화를 나누는 것은 좋은 방법이 아니다. 또한 자신에게만 좋은 방법을 찾아서도 안 된다. 감사 받을 사람이 어떻게 해야 마음이 편할지 염두에 두어야 한다.

두 사람의 지리적 거리가 너무 멀어서 직접 만나는 것이 어렵거나 불가능할 경우 다른 대안을 생각해 보는 것이 좋다.

만남의 시간과 장소 정하기

직접 만나기로 했다면 대화 나누기 좋은 장소를 찾아야 한다. 그래야 만남의 가치가 더 높아진다.

- **조용한 곳**

마음 편히 이야기를 나눌 수 있는 곳이 좋다. 산만하지 않아야 한다. 집이나 한적한 야외 공간이면 효과 만점이다.

가장 흔한 만남의 장소는 식당이지만 나는 식당은 권하지 않는다. 이야기를 나누고 만약 녹음까지 하려면 식당은 너무 시끄러울 뿐더러, 종업원들이 끊임없이 들락거리고 주변에서 벌어지는 일도 많아서 대화의 집중도가 떨어지기 때문이다.

- **특별히 지정된 시간**

대화 시간을 따로 갖는 것이 이상적이지만 불가능한 경우도 있을 것이다. 휴가 때, 장거리 여행을 할 때, 가족이나 학교 모임이나 회의 같은 활동을 하면서 대화를 해야 한다면 그 활동과는 별도로 시간과 장소를 마련해 대화를 할 수 있는지 알아보는 것이 좋다.

- **상대방이나 두 사람 모두에게 의미 있는 곳**

환경 조성을 어떻게 하느냐에 따라 대화에 의미가 더해진다는 것은 명백한 사실이다. 두 사람이 처음 만난 곳, 과거에 함께 지냈던 곳, 또는 상대방이 좋아할 만한 새로운 곳에서 대화를 나누는 것이 좋다.

- **이 순간을 오래 간직할 수 있는 곳**

당신과 상대방이 함께 무엇인가를 즐기며 대화를 이어가는 것도 좋은 방법이다.

편지를 써서 감사 표현하기

절절한 감사의 마음을 전하는 데 편지만큼 좋은 것이 있을까? 켄트 주립 대학교에서 실시한 연구에서는 인생에 영향을 준 사람들에게 편지를 쓰게 했다. 학생들에게 편지를 쓰라고 지시하면서, 긍정적이고 진지하게 깊은 감사와 고마운 마음을 전달하라는 주문을 했다.

6주 동안의 실험에서 학생들은 행복감과 만족감이 커졌다고 보고했다. 게다가 연구에 참여한 학생 중 75%가 연구가 끝나고 감사하는 습관을 가져야겠다고 말했다.

이 연구는 감사 표현을 하는 사람을 대상으로 하였고, 편지를 받은 사람에 대해서는 연구가 이루어지지 않았다. 그러나 편지를 받은 사람들도 똑같이 행복하고 만족스러웠으리라고 추측할 수 있다. 이메일도 좋은 방법이 될 수는 있지만 직접 손으로 쓴 편지가 더 특별하게 느껴진다는 점을 유념하기 바란다.

전화를 걸어 감사 표현하기

전화로도 고마운 마음을 표현할 수 있다. 이때는 그냥 전화하지 말고 통화할 약속 시간을 정하는 것이 좋다. 그래야 당신이 말할 내용이 중요하다는 암시를 받는다. 상대방도 당신이 필요로 하는 시간을 할애할 수 있다.

창의력 발휘하기

 기술이 발달한 현대는 더욱 다양한 방법으로 감사의 마음을 전할 수 있다. 웹캠으로 '얼굴을 마주하고' 대화를 나눌 수도 있고 CD나 DVD로 녹화를 하여 상대방에게 보낼 수도 있다. 전자 제품을 잘 다룰 줄 안다면 여기에 배경 음악이나 음향 효과를 더할 수도 있다.

 요즘엔 전자 제품을 잘 다루는 사람이 많다. 혹은 이야기나 노래를 잘 짓는 재능을 이용할 수도 있다. 재능에 대해 말하다 보니 얼마 전 회의에서 만났던 한 여성이 생각난다. 서예에 재주가 있던 그녀는 스승에게 해서체의 붓글씨를 써서 보냈더니 아주 좋아하셨다고 했다. 이제 그녀는 고마운 사람들에게 한 달에 한 자씩 써서 보내 줄 생각이라고 말했다. 훌륭한 생각이지 않은가?

 최근 저녁 파티에서 미네소타 출신의 한 남자와 대화하다가 감사 여정에 대한 이야기를 꺼내게 되었다. 이 남자는 4년 전 자기 형제들이 어머니의 75세 생신을 기념하는 축하 시를 시인에게 부탁했다고 한다. 이 시인은 남자의 형제들을 한 사람씩 인터뷰해서 어머니 이야기를 듣고 그 내용을 바탕으로 시를 지었다. 이 시를 생신 파티에서 어머니께 읽어 드렸고 어머니는 그 시에 깊은 감동을 받았다.

 그때 어머니는 자식들 모르게 그 시인에게 고맙다는 편지를 보내, 그 시가 어머니에게 얼마나 큰 의미로 남아 있는지 설명하였다. 편지에서 어머니는 "내가 정말 좋은 엄마였는지 확신이 없었는데, 이 시를 듣고 깊은 감명을 받았고 이제야 마음의 평화를 얻게 되었다."고 시인에게 고백했다. 어머니는 다 큰 자식들에게 이런 속내를 표현하지 못했다. 4년 뒤 어머니가 돌아가시자 시인은 그 편지를 그 가족들에게 보여 주었다.

어머니가 시인에게 감사의 편지를 쓰지 않았다면, 그 자식들은 그 시가 어머니에게 얼마나 큰 감명을 주었는지 영영 모른 채로 살았을 것이다. 어머니께서 시로 표현한 자식들의 고마운 마음을 모른 채 돌아가셨다면 그 또한 얼마나 애석한 일이었겠는가!

무엇보다 가장 중요한 것은 감사의 마음을 전하는 방법이 특별하고 독특해야 한다는 것이다.

실천 4 감사 여정 후의 추억 만들기

나는 감사 여정에서 만난 사람들을 위해 기념품을 만들어 보냈다. 하지만 모든 사람이 감사 여정 후에 돈을 들여 기념품을 만들 필요는 없다. 내가 제안하는 것 중에서 한 가지 정도만 고르면 된다. 즉 사진을 넣은 액자를 만들어 보내거나 대화를 CD에 담아 주거나 아니면 손으로 쓴 메모를 전하는 것이다.

내가 제시한 방법보다 더 기발하고 좋은 방법을 찾을 수도 있다. 또 다양한 형태의 기념품이나 콜라주, 스크랩북, 앨범 등을 만들어 줄 수도 있을 것이다.

스스로 만드는 일이 벅차다면 맞춤 선물을 의뢰하는 방법도 있다. 한 예로 클린턴의 취임식에서 축시를 낭독했던 흑인 시인이자 소설가인 마야 안젤루의 생일날, 오프라 윈프리는 마야 안젤루의 인생과 작품을 기리는 누비이불을 주문해서 선물했다. 이처럼 인터넷으로 조금만 찾아보면 적은 예산으로도 기억에 남는 독특한 기념품을 고를 수 있을 것이다.

기념품에는 내가 상대방과 나눈 감사의 대화 시간을 소중히 생각하고 있다는 의미가 담겨 있다.

목록에 오른 사람들에게, 서랍 속에 감추듯 감정을 감추는 대신, 감정을 드러내 보일 무엇인가를 선물하면 그들도 그 기쁨과 소중함을 가족들과 함께 즐기고 나눌 수 있지 않겠는가. 이런 이유로 나는 표현하고 기록하는 것을 좋아한다. 기념품에 담긴 의미는 오래도록 상대방이 얼마나 특별한 사람인지 그대로 전해 주기 때문이다.

기념품은 받는 사람에게 그 시간의 기억을 내내 즐길 수 있는 기회를 준다. 아들 제이슨이 열한 살 적 엄마를 위해 만든 액자의 글과 사진을 기억하는가? 그것은 세월이 지나도 여전히 롤라의 사무실 벽에 걸려 있을 것이다.

이제 독자들도 감사 표현의 가치를 충분히 인식하였을 것이다. 그리고 인생에 진정한 변화를 가져다 주었던 사람들을 위해 특별한 방법으로 표현할 수 있는 방법도 찾았을 것이다. 나의 이야기를 들은 많은 사람들이 벌써 감사 여정에 올랐다.
　이 책을 읽은 독자들도 마음의 준비가 되었을 때 부디 아무런 걸림돌없이 여정을 시작했으면 좋겠다.

어머니는 자식들 모르게 그 시인에게 고맙다는 편지를 보내,

그 시가 어머니에게 얼마나 큰 의미로 남아 있는지 설명하였다.

편지에서 어머니는 "내가 정말 좋은 엄마였는지 확신이 없었는데,

이 시를 듣고 깊은 감명을 받았고 이제야 마음의 평화를 얻게 되었다."고

시인에게 고백했다.

망설이지 말고
한 발자국만 더 나가라!

감사하는 마음은 하루를 즐겁게 하고
인생을 변화시키기도 한다.
마음을 기꺼이 말로 표현하는 일,
필요한 것은 그뿐이다.

— 마거릿 커슨스

이제 행동으로 옮길 때가 되었다. 먼저 자신에게 질문을 던져 보자. "우리 자신에게 갑자기 무슨 일이 일어나도 사랑하는 사람들에게 고마움을 전하지 못한 것을 후회하지 않을 자신이 있는가?"

이것이 이 책 『감사로 움직여라』의 핵심이다.

소중한 사람이 갑자기 죽는다면, 대부분 사람들은 '이럴 줄 알았다면……' 하고 넋이 빠져 혼자 중얼거리기 십상이다. 그러나 위의 질문에 "예."라고 대답한 사람은 감사의 마음을 전할 필요를 깨달은 것이니 이제 행동으로 옮기기만 하면 된다.

가치 있다고 여긴 일을 행동으로 옮기면 기쁨과 평화, 깊은 사랑과 우정을 느끼게 된다. 말하지 못해서 생기는 회한도 없을 것이다.

감사를 전하지 못하는 12가지 이유

감사의 여정을 미루려는 몇 가지 이유들을 짚어 보며 마음속 우려들을 씻어 내길 바란다.

1. 너무 어리다

'너무 어리다'는 이유는 인생에 깊은 영향을 미친 사람을 생각해 낼 수 없다는 의미로 들린다. 그러나 그것은 틀린 말이다. 어리더라도 그런 사람이 있게 마련이다. 부모나 할머니, 할아버지 또는 선생님이 있지 않은가. 조금만 생각해 보면 몇 명은 생각해 낼 수 있을 것이다.

고마운 분들께 지금 감사 표현을 해야 하는 데는 이유가 있다. 마음을 빨리 전달할수록 얻는 기쁨이 그만큼 더 크다. 그분들이 나이 들어 돌아가실 때까지 기다릴 것인가? 돌아가신다면 당신이 얼마나 고마워하는지 알려 줄 기회는 영영 오지 않는다. 당신에게 좋은 영향을 주었다는 흐뭇한 마음에 몇 년을 더 살게 된다면 얼마나 좋은 일인가? 다른 사람들을 계속 도와야겠다는 생각이 들게 될 수도 있다. 도움의 파문은 널리 퍼져 나갈 수 있다.

또한 고마운 마음을 표현하는 것은 멋진 사람들과의 관계를 더욱 풍요롭게 만들어 준다는 사실을 잊지 않아야 한다. 젊어서부터 시작하면 그 풍요로운 관계를 즐길 수 있는 시간이 그만큼 많아진다.

솔직한 요즘 세대들에겐 진심을 표현을 하는 일이란 쉬운 편이다. 쉽게 말할 수 있다면 점점 익숙해져 결국 몸에 배게 된다. 다시 한 번 말하지만 감사 표현도 잘 안 쓰는 근육을 단련시키는 것과 같다.

감사 표현은 여러분 인생에 결정적인 순간일 수 있으며, 언제 시작하든 결코 이르지 않다. 지금이 바로 그 순간이다!

2. 나이가 너무 많다

'나이가 너무 많다' 라는 것은 인생에 영향을 주었던 사람들이 이미 이 세상 사람이 아니라고 생각할 수도 있다. 여기저기 장례식에 다니며 "이렇게 황망히 떠날 줄 알았더라면 내가 얼마나 고마워하고 있는지 미리 말해 둘 걸." 하며 때늦은 후회를 하는 사람들이 있다. 그러나 후회하기 보다는 아직 살아 있는 친구에게 감사를 전할 수 있다는 사실을 기억하자. 누구에게나 인생 단계마다 영향을 준 사람이 있기 마련이다.

일반적으로 여성들이 비교적 감정 표현을 쉽게 한다고 생각하지만 '나이 든 남성들' 도 충분히 감정을 표현할 수 있다. 감사 표현은 나이 든 사람일수록 누리는 혜택이 커진다. 나이 든 분들은 인생에서 진정 소중한 것이 무엇인지 아는 지혜도 충분히 갖고 있지 않은가!

3. 감사할 사람들이 적다

감사 목록에 올릴 사람이 44명이나 되지 않는다는 것이 감사를 전하지 못할 이유가 될까? 많은 사람들이 같은 생각을 갖고 있을 것이다. 감사하고 싶은 사람이 단 두 명일 수도 있다. 확신하건대 어쨌든 우리 모두 자신에게 영향을 준 누군가를 알고 있다.

어찌되었든 중요한 것은 목록에 올릴 사람 수가 아니라 그 영향의 깊이에 있다. 단 한 명일 수도 있다. 하지만 일단 한 명이라도 감사 표현을 한 후에 본인의 만족감이 너무 커서 감사 목록에 더 많은 사람을 올리게 된 예들이 있었다. 내 친구 찰리의 말을 빌리자면 깊은 감사를 표현할 때처럼 '순도 100%'의 경험을 해 본 적이 없다고 한다.

4. 여건이 안된다

누구나 나처럼 일 년 간 감사 여정을 떠날 수는 없을 것이다. 다행스럽게도 나에겐 시간과 경제적 여유가 있었고 내게 의미도 있었다.

그러나 사람마다 생활 환경이 다른 만큼 그 절차와 여정도 달라질 수 있다. 나는 내 나름의 방식대로 했고 여러분들은 여러분들의 방식대로 실행에 옮기면 된다. 직접 만나 이야기하기 위해 나처럼 전국을 돌아다닐 필요는 없다. 가까이 사는 친구부터 시작하고 휴가나 출장 같은 때를 이용하여 일정을 잡을 수도 있다.

편지를 쓰는 데는 종이와 우표 값만 있으면 되고 이메일이나 전화를 하면 실제 드는 비용은 거의 없다. 방법만 바꾸면 이런 감사 표현을 하는 것은 누구나 할 수 있다. 투자액은 적고 그 대가는 크니 인생에 이렇게 수지맞는 일이 또 있겠는가. '감사 표현을 어떻게 시작할까' 의 방법은 온전히 당신 선택에 달려 있다. 의미 있는 방식을 계획하되 자기 여건에 맞추어 가능한 것들을 찾으면 된다.

5. 별 의미가 없을 것 같다

최근에 누군가가 나에게 이런 말을 던졌다. "그런 감사의 말을 전한다고 해서 그것이 상대방에게 무슨 큰 영향을 주겠어요?" 심리학자는 아니지만 나는 여태껏 수많은 사람들과 교류하면서 대부분의 사람들이 자신이 다른 사람에게 어떤 의미를 주는지 잘 모르는 사람이 많다는 생각을 했다. 감사의 말과 행동은 상대방에게도 의미가 크다. 누군가 당신에게 감사의 말을 전하고 나서 어떤 일이 일어나는지 지켜보자. 그랬는데도 "글쎄, 별로 중요하지 않은 일이었네."라고 말할 사람이 과연 있을까.

고마움을 표현하는 것은 자신에게도 중요하다. 아직도 믿지 못하겠다면 딱 한 번만 시도해 보라. 틀림없이 그 결과에 놀랄 것이다.

6. 마음이 영 편하지 않다

어떤 일이든 처음에는 힘들기 마련이다. 자전거나 수영을 처음 배울 때도 그렇지 않았는가? 그러나 몇 번 해 보고 익숙해지면 언제 그랬냐는 듯이 잘하게 된다.

처음 대화할 생각을 하면 마음이 불편하고, 결정적 순간에 느끼는 불안이나 좌절감을 느끼는 '수행 불안'도 경험할 것이다. 그러나 이런 느낌은 자전거나 수영을 배우는 시간보다 훨씬 빨리 없어진다. 처음은 힘들지만 습관을 들이면 금방 익숙해진다.

주의할 것은, 이 감사 여정을 할 때 그저 함께 앉아 생각나는 대로 대화하는 것이 아니라는 사실이다. 나는 어떤 이야기를 하면 좋을지 사전에 충분한 시간을 갖고 구체적으로 생각해 보았다. 만날 사람에 대해 생각해 보고 그 사람에게 어떤 점이 고마운지 적어 보면 무슨 말을 해야 할지 쉽게 나온다. 당연히 감사 여정 중에도 그 메모를 지니고 있었다. 어색할 것 같지만 전혀 그렇지 않았다. 대화를 하는 중에 간간이 그 메모를 참고하면서 중요한 사항을 빠뜨리지 않았는지 확인할 수 있어 도리어 마음이 편안해졌다.

그래도 다른 사람들이 감사 여정에서 했던 말을 미리 참고한다면 훨씬 수월할 것이다. 그래서 내가 썼던 감사 표현들을 많이 수록해 놓았다. 그 표현들을 참고하여 진심에서 우러난 자신만의 감사 표현을 만들어 볼 수 있을 것이다.

7. 상대방이 불편해 할 것이다

사람들은 색다른 방법으로 무엇인가 받는 것을 좋아한다. 『5가지 사랑의 언어』에서 게리 채프먼은 모든 사람들이 크게 다섯 가지 형태로 사랑을 주고받는 것을 좋아한다고 말했다. 긍정과 확신의 말로, 귀중한 시간을 내어, 선물을 주면서, 도움이 되는 행동을 하면서, 그리고 신체적인 접촉을 통해서 등이다.

그렇다고 고마운 마음을 주고받는 데 어떤 특정한 방법이 정해져 있다거나 그것을 그대로 따르라는 것은 아니다. 자신에게 가장 잘 맞는 방법을 찾되 상대방도 가장 편안한 마음으로 받을 수 있는 방법을 찾아보는 것이 좋다.

'빅토리 랩'에서 만났던 사람들 중에는 직접 만나 대화하는 것을 불안해 하는 사람들도 분명 있었다. 나누고 싶은 대화 내용을 대략 알려 주었는데도 어떤 대화를 하게 될지 몰라 불안해 하는 사람들이 있었다. 그러나 나는 이 사람들에 대해 잘 알고 있으니 그들을 편안하게 해 줄 수 있다는 확신이 있었다. 대화를 어떻게 시작할지 스스로 판단이 서야 한다.

독자들은 나보다는 한 가지 유리한 점이 있다. 『감사로 움직여라』라는 책에 대해 알고 있는지 먼저 상대방에게 물어보면 대화를 수월하게 풀어나갈 수 있지 않은가.

8. 나는 자수성가한 사람이다

당신이 자수성가한 것에 자부심을 느낀다면 인생에 큰 변화를 가져다 준 사람들에게 찬사를 보내는 일 자체가 자존심 상하는 일일 수 있다. 감사를 표현하는 것이 마치 혼자 쌓은 업적을 깎아내리는 것처럼 여겨질 수 있다.

이런 입장에도 분명 일리는 있다. 성공하는 것은 전적으로 힘들게 노력해야 하며 인내와 독창성이 있어야 한다. 운도 물론 따라 주어야 한다. 그러나 좀 더 깊이 들여다보면 사실 혼자만의 힘으로 성공한 사람은 있을 수 없다는 것이 내 생각이다. 어쨌든 자수성가하기까지 누군가의 지원과 도움을 받지 않았는가? 부모와 동료, 가족, 친구가 없었다면 우리가 어떻게 존재할 수 있었겠는가? 불가능했을 것이다. 바로 그것이다. 우리는 살아가면서 많은 사람들로부터 격려와 조언을 받았다.

9. 모든 사람이 내가 어떻게 느끼는지 이미 알고 있다

다른 사람에 대해 느끼는 바를 말과 행동으로 전달하며 살고 있다면 '위대한 첫발'은 이미 떼어 놓은 것이다.

'빅토리 랩'에서 만났던 모든 사람들은 이 여정의 과정에서 내가 그들을 어떻게 느끼고 있는지 확실하게 알게 되었다. 내가 표현한 적이 없었기에 충분히 인식하지 못하고 있었던 것, 그것은 그들이 내게 어떤 의미였는지에 대한 나의 깊은 감사의 마음이었다. 그리고 시간을 할애하여 이들이 내 인생에 도움이 되었던 것을 다시 한 번 생각해 보기 전까지 나 자신도 완전하게 인식하지 못하고 있었다.

10. 감사드릴 사람들이 어디 있는지 모른다

통계에 따르면 한 해에 4,000만 명 이상의 미국인들이 이사하는 것으로 나타났다. 그러니 어린 시절 친했던 사람들과 연락이 끊기는 것이 당연하다. 나도 이런 어려운 상황을 겪었다. 감사 여정 목록에 올리고 싶었던 사람 중에 사회 초년기에 알았던 동료도 있었는데 그들과는 연락이 닿지 않았다.

이번 여정에서 내가 평생 지속되는 관계를 얼마나 좋아하는지 절실하게 느꼈다. 내가 아는 이 중에는 와인을 수집하는 친구도 있고, 미술품이나 차에 관심 있는 친구들도 있다. 하지만 나는 사람들과 연락하고 지내면서 그 관계를 긴밀하게 유지해 나가는 데서 기쁨을 느낀다. 내 목록에 올라 있는 사람이 많은 것도 다 이런 이유에서다.

나 역시 모든 사람과 연락하고 지내는 것은 아니다. 몇 년 전 아내가 대학 시절 남성 클럽 친구들의 모임을 주선하여 나를 놀라게 한 적이 있다고 앞서 말했다. 대부분 대학 졸업 후 25년 동안 거의 만나지 못했던 친구들과 그 배우자들이었다. 아내는 그들 중 어느 누구도 만난 적이 없었지만 그들 행방을 수소문했다. 연락이 끊긴 친구를 찾아 주는 인터넷 사이트가 아직 개설되기 전이었다.

지금은 '친구 찾기' 웹사이트와 소셜 네트워킹 상에서 이용할 수 있는 방법이 다양해서 어릴 때 친구들이나 동료들을 찾는 일이 훨씬 쉽다. 그들을 찾는 과정도 그들과 다시 연락하는 것도 재미있고 기쁜 일 아닌가.

11. 시간이 없다

좋은 생각이 떠올라도 바쁜 일상에 매여 실행하지 못할 때 어떤 기분인지 나는 잘 알고 있다. 목표 실행이 미뤄지거나 실현하지 못하는 일이 비일비재하다. 그래도 당신이 이 책을 이만큼이나 읽었다는 사실에 나는 힘을 얻는다. 내가 감사 표현의 중요성을 인식시키는 데 성공했다면 당신이 이 일을 실행할 것이라 믿기 때문이다. 기쁜 소식이 하나 더 있다. 실제로 이 일을 하는 데는 많은 시간이 걸리지 않는다.

다음 장에는 내 친구 이야기가 나온다. 그 친구는 50년 이상 된 소중한 관계를 돌아보며 편지 쓰는 데 단 15분밖에 걸리지 않았다. 그 친구의 예에서 보듯이 실행하는 데 한 시간도 걸리지 않으면서 그렇게 큰 충만감을 주는 일이 또 있을까.

12. 상대방이 너무 바쁘다

상대방에게 "바빠서 안 되겠다."는 대답을 들을 수도 있을 것이다. 상대방이 당신을 만나는 일을 우선순위에 두지 않으면 결코 만날 수 없다. 이 만남이 당신에게 아주 중요하다고 강조한다면 당신과의 대화를 최우선 순위로 올려놓을 가능성이 높아진다. 그래도 상대방이 너무 바빠 시간을 낼 수 없다면 다른 대안을 찾아보자.

크레이그에게 보내는 편지

'어린이에게 자유를 FTC' 이라는 자선단체에서 일하고 있는 크레이그 킬버거와 연락할 당시 나도 상대방이 바쁘단 이유로 포기할 뻔 했었다. 크레이그에게 전화했을 때 그는 아이티에 가 있었다. 아이티 지진의 여파 속에서도 그들은 학교를 짓고, 건강 센터와 위생 시설을 세우며 봉사 활동을 하고 있었다.

그 상황을 듣고 처음엔 '그는 너무 바쁘니 뒤로 미루자.'고 생각했다. 그러나 곧 '그 사이에 둘 중 한 사람에게 무슨 일이 생길지도 모르지 않는가? 머뭇거리지 말고 지금 이 순간 감사하라.'를 떠올렸다. 그리고 크레이그에게 감사 표현을 할 기회를 찾았다.

크레이그에게,

내가 당신을 처음 만난 것은 당신이 10대 때였습니다. 한 환영 회장에서 내게 다가오더니 '초등과학연구소' 프로젝트에 대해 한 마디 해 달라고 하더군요. 그래서 나는 "어린 학생이 왜 그 일에 관심을 갖는지 먼저 말해 주면 나도 얘기해 주겠노라." 대답했지요.

나는 당신 이야기를 듣고 놀랐습니다. 열두 살의 나이에 아동강제노동에 관한 기사를 읽고 그것을 중단시키기 위해 '어린이에게 자유를 FTC'이라는 단체를 만들기로 했다고 말했지요. '10대 소년이 개발도상국의 아이들을 돕는다면 나도 내 몫을 할 수 있지 않을까?' 하는 생각이 들었지요.

그 후 서로 연락하면서 지내던 어느 날 당신이 전화해 『나에서 우리로 : 물질문명에서 의미 찾기』라는 책을 출간하는 일을 도와줄 수 있는지 묻더군요. 농담 삼아 내가 말했지요. 난 책을 만든 경험이 전혀 없으니 그 일에 제격이라고. 내가 모은 관중 앞에서 당신이 한 이야기가 지금도 생생합니다. 모든 사람들이 당신 말에 귀 기울였지요. 당신 책이 베스트셀러가 되었다고 말했을 때 얼마나 기쁘고 흥분되던지.

2008년 토론토에 있는 'FTC' 본부를 방문했던 일 기억나나요? 그곳은 북아메리카에 120명, 해외에 50명의 직원을 둔 조직 중심부였지요. 8,000명의 토론토 젊은이들에게 '동기 부여의 날' 행사가 열리고, 캐나다 전역으로 방송도 되었고요. 결코 잊지 못할 장면이었습니다.

그 이후 2009년 8월, 아들과 함께 나는 'FTC'의 파견 업무를 맡게 되었죠. 지금도 케냐에서 했던 활동을 떠올리면 전기, 식수, 식량, 기술을 언제든 쓸 수 있고 편안한 집에 사는 이 모든 혜택에 깊이 감사한답니다. 그 영향은 평생 지속될 것입니다. 이 단체가 개발도상국에 가서 생명을 구하고 캐나다와 미국의 젊은이들이 삶을 값지게 하는 모습을 내 눈으로 직접 보았지요.

이 활동에 참여하는 것은 내 삶에 또 다른 의미를 주었고 앞으로도 역시 그럴 것입니다. 내 아들은 물론 아들 친구들도 'FTC'의 활동을 지원하기 시작했지요.

이 고마운 마음을 당신과 직접 나누고 싶습니다. 앞으로 언젠가 그럴 기회가 있을 것이라 희망을 품고 있겠습니다.

당신의 나이가 스물여덟 살이라는 사실 때문에 당신이 하는 일이 더욱더 경이롭게 느껴집니다.

사랑과 존경을 듬뿍 담아, 월터

196 감사로 움직여라

그리고 크레이그에게 감사 표현을 할 기회를 찾았다. 머뭇거리지 말고 지금 이 순간 감사하라는 를 떠올렸다.

'그 사이에 둘 중 한 사람에게 무슨 일이 생길지도 모르지 않는가?'

희망의 불씨 퍼뜨리기

한 순간의 주저함도 없이
이 세상을 변화시킬 수 있다는 것은
얼마나 멋진 일인가.

— 안네 프랑크

되돌아보니 내가 준 감사의 선물이, 선물을 받은 그들에게도 다른 사람들에게 감사를 표현하도록 일깨워 준 계기가 되었다. 내가 준 선물이 엄청난 크기로 불어난 것이다.

나의 '빅토리 랩'을 시작으로 진정한 감사의 뜻이 계속해서 다른 사람들에게 전해지는 감사 릴레이가 펼쳐졌으면 하는 것이 솔직한 바람이다. 이 일에 많은 사람들이 동참하고 이어졌으면 좋겠다. 이제 다른 사람들도 이것의 진정한 의미를 알게 되면서 내가 애초에 예상하지도 못했던 방향으로 확산되고 있는 것 같다. 앤드루 제노프의 말이 실감난다. "당신의 '빅토리 랩'은 사랑과 감사의 들불과도 같습니다. 불꽃이 사방에서 일어나고 있어요."

내가 본 첫 번째 '불씨'는 우리 가족이었다. 아들 제이슨은 나의 이야기에 고무되어 컴퓨터에 대한 열정을 키워 준 고등학교 동창에게 전화를 했는데 이제 그 둘은 서로에게 중요한 사람이 되었다. 졸업 후 연락을 하지 않다가 제이슨의 감사 표현으로 다시 친해진 것이다.

다음은 조카인 에릭 헤렌콜이었다. 그의 어머니 엘런은 롤라의 언니로 내 감사 목록 44인에 올라 있었다. 에릭은 자기계발과 조직개발 컨설팅을 하는 개인 회사를 운영하고 있다. 몇 년 동안 나는 그의 멘토 역할을 해 왔다. 에릭은 워낙 똑똑한 아이라 내 이야기를 쉽게 이해했다.

"삼촌이 '빅토리 랩'에 대해 말씀하시는 것을 듣고 순간 어떤 깨달음이 있었어요. 내 인생에 가장 소중한 사람들에게 그들이 내게 어떤 의미였는지 한 번도 얘기한 적이 없다는 사실이 새삼 후회되었어요. 그걸 깨닫고 나니 소극적이던 태도가 바뀌어 무엇이든 할 수 있을 것 같은 엄청난 기운이 생겼어요. 그래서 실행에 옮겼지요. 짬을 내어 그분들과 함께 시간을 보내며 대화를 나누었어요."

에릭은 부모님과 감사의 대화를 나눌 시간도 정했다. "제가 말씀드린 것에 부모님은 놀라셨어요. 아시지만 저희 부모님은 직관력이 뛰어나시잖아요. 부모님의 말씀이나 행동이 자녀에게 많은 영향을 미치지요. 그 당시에는 부모님이나 아이들이나 서로 영향을 끼친다는 사실을 느끼지 못하지만요. 삼촌이 먼저 이 일을 시작하지 않으셨다면 부모님과 이런 대화를 나눈다는 것은 생각하지도 못했을 거예요. 정말 감사드려요."

조카의 이야기는 실로 아름답고 놀라웠다. 우리가 받은 것을 어떻게 다른 사람들에게 갚아 나가는지 그 생생한 예였다.

감사 릴레이

나는 곧 내 목록에 올라 있던 사람들에게서 소식을 들었다. 초등과학연구소 EIS에서 일하는 도리스 앤더슨은 나에게 고마움을 표현했다. "당신의 '빅토리 랩'은 젊은 사람들에게 인생에서 진정 소중한 것이 무엇인지 가르쳐 주었어요. '빅토리 랩'을 돌면서 당신은 관계를 중요하게 생각하는 사람들의 성격을 강조하셨지요. EIS에서는 앞으로 존경받는 어른으로 자라날 학생들의 성품을 생각해 '성품 개발' 프로그램을 시행하여 학생들이 성품을 좋게 기르도록 했어요. 이 모두 당신의 '빅토리 랩' 덕분이지요. 좋은 성품의 중요성을 깨닫게 해주셨어요! 청소년들은 관계를 존중해야 한다는 것을 배우면서 이 세상이 더 살기 좋은 곳이 될 수 있다는 것을 알게 되었지요."

샌디에이고 포럼의 마이클 맥이 우리가 대화를 나눈 후에 있었던 고등학교 동창 모임 이야기를 해 주었다. 그 이야기를 듣고 나는 마음 뿌듯해졌다. 맥은 처음 내 생각에 회의적이었고 그 가치에도 확신이 없다고 솔직하게 털어놓았던 터라 더 기뻤다.

마이클은 이렇게 말했다.

"주말에 축구 팀 회원들과 코치를 만나 사진을 찍게 되었거든. 사진 촬영을 끝내고 코치를 돌아보며 내가 이렇게 말했지. 아버지 다음으로 당신은 내 인생에 가장 영향력 있는 사람이었노라고. 멘토이자 또

본받고 싶은 사람이라고. 그러면서 존경스럽게 생각하는 면을 구체적으로 말씀드렸지. 내가 얼마나 많은 영향을 받았는지도. 그리고 '감사하다' 말씀을 드렸더니 코치님은 눈시울이 붉어지시더니 돌아서시더군. 갑자기 나오는 눈물에 당혹스럽기도 하고……. 내 말에 감동받으신 모습이었네. 우리 두 사람의 관계에 중요한 획을 그었다는 생각이 들더군."

행동에 옮긴 또 한 사람은 스티브 라이먼이었다. 그는 옛 친구 몇 사람에게 연락하여 관계를 다시 이어가게 되었다고 했다. "과거 사업 동료에게도 연락을 했지요. 지난 15년 동안 크리스마스 카드를 보낸 것 외엔 통 연락을 안 했던 사람이었어요. 얼마나 서글픈 일인지요? 시간은 정처 없이 흘러갔고 옛날 즐거웠던 추억을 회상하는 동안 우리 두 사람의 뺨에는 눈물이 흘러 내렸어요. 그 많던 옛 친구들이 어떻게 사는지, 다들 연락해 봐야겠어요."

감사의 씨 뿌리기

내 삶을 변화시킨 사람들은 이미 직접 '감사의 여정'에 올랐고 다른 사람들도 조만간 행동에 옮기려는 계획을 잡고 있었다.

앞서 이야기했던 사업 파트너 러스 카슨은 이렇게 말했다. "함께 회사를 설립했던 두 동료를 더 자주 만날 생각을 하고 있어요. 사는 곳이 멀어서 자주 만나지 못했거든요. 그러나 그들이 없었다면 사업에서 성공할 수도 성취감을 맛보지도 못했을 거예요. 어떻게 가장 효과적으로 전달할지 생각해 봐야겠어요."

내 처제 비키 피터슨은 그녀에게 의미 있게 와 닿은 것을 실행에 옮길 생각을 하고 있다. "다들 회고록 쓰는 것을 좋아하잖아요. 인생에 소중한 사람들과 관련된 이야기를 몇 편 썼어요. 늙어서 혼자 읽으려고 쓰는 것은 아니구요, 조만간 그 글 전체나 일부를 손보려고 해요. 소중한 사람들 한 사람 한 사람에게 의미 있는 선물이 될 것 같아서요. 또 아직 쓰지 않은 새로운 사람들에 대해서도 써 봐야겠다는 생각이 들어요."

'빅토리 랩'을 돌며 내가 만났던 모든 사람들이 이런 자극을 받아 실행에 옮길 것이라 생각하는 것은 나의 지나친 욕심일지 모른다. 그저 지금 당장은 별 반응이 없더라도 차츰 생각이 달라지길 바랄 뿐이다. 미시간 대학의 신입생 모임에서 만났던 제이미 샤피로는 이렇게 말했다. "형식을 싫어하고 드러내 놓고 마음을 표현하지 못하는 성격인데도 자네의 깊은 우정과 실천에 감동받았네. 마음에 여운이 오래도록 남더군. 정말 고맙네. 그래서 나도 뭔가 의미 있는 일을 해보려 하네."

감사 여정이 일으킨 잔잔한 파문

'빅토리 랩'을 마친 후 내 목록에 올랐던 사람들이나 전혀 만난 적 없는 사람들에게도 영향을 미쳤다는 이야기가 들렸다. 다음 이야기를 듣고 독자들도 나처럼 황홀한 마음이 되길 바란다.

의욕이 넘치는 40대의 한 사업가는 친구에게서 들은 내 감사의 여정 이야기가 자신의 삶을 바꾸는 계기가 되었다고 말했다. 내 이야기를 듣고 어릴 때 자신을 뒷바라지해 주신 할머니와의 관계를 회복할 수 있었다고 한다.

이 사업가는 꽤 오랫동안 할머니를 찾아가지 않았었다. 여든여덟의 할머니는 여느 노인들과 마찬가지로 한 번 했던 얘기를 반복해서 하고 또 잘 듣지도 못해 할머니와 보내는 시간이 여간 고역이 아니었다. 그러나 그는 내 이야기를 듣고는 금요일 밤에 할머니께 전화를 드렸다. 그리고 한 시간 동안 할머니가 하시는 말씀을 다 들어 드렸다. "할머니는 내가 시간을 낸 것에 몹시 고마워하셨어요." 그가 말했다.

이렇게 하고 나니 기분이 너무 좋아져 그 다음날도 할머니께 전화를 드려 45분 동안 이야기했다. 그리고 일요일 아침 겸 점심 식사에 할머니를 초대했다. 할머니는 너무 기뻐하시며 오랜만의 외출에 설레어 미장원에도 다녀올 거라 말씀하셨다고 한다.

이 사업가와 할머니는 만나자마자 부둥켜안고 울면서 서로 얼마나 소중한 관계였던가, 얼마나 그리워했던가를 깨닫게 되었다. 그리고 그는 다짐했다. "48시간마다 할머니에게 전화를 드릴 거예요."

인생의 도약을 마련해 준 사람

'앨빈 애일리 아메리칸 댄스 시어터 *Alvin Ailey American Dance Theater*'의 무용수였던 말라 빙햄은 샌디에이고에서 필라테스 강사로 일하고 있다. 나는 필라테스 시간에 나의 감사 여정 이야기를 들려주었는데, 그것이 그녀에게 큰 반향을 일으켰다. 말라는 뉴욕으로 가서 오랫동안 만나지 못했던 사람들을 찾기로 했다. 무용계에서 만난 데니스를 찾아가 그녀 인생에 데니스가 어떤 영향을 미쳤는지 말해 주기로 했다.

데니스는 말라에게 '애일리 II'의 오디션을 보라고 추천했던 사람이었다. '애일리 II'는 오리지널 앨빈 애일리 무용단에서 조직을 확대하여 새롭게 구성된 무용단이었다. "그 당시 그 무용단에 대해서는 전혀 몰랐지만 그냥 당신의 조언을 받아들였지요." 그리고 이어서 말라는 말했다. "마침내 오디션에 합격했어요! 와우, 얼마나 좋은 기회였던지. 나의 무용 인생이 한 단계 더 도약하는 의미 있는 일이었지요."

데니스의 제안이 그 다음 순간을 준비하고 있던 말라에겐 때맞춘 조언이었다. 다른 사람들에게 우리가 어떤 영향을 미치며 살고 또 그것이 언제 어떻게 영향을 미치는지를 모르고 살고 있다는 것을 잘 보여주는 예다.

몇 년 후 둘이 워크숍에서 다시 한 번 만났을 때 데니스는, 말라에게 아메리카 원주민의 문화유산을 녹여 안무해 보라고 권했다.

말라가 뉴욕으로 찾아가 데니스를 만났을 때 말라는 이렇게 말했다. "나의 정체성을 찾게 한 것이 바로 당신이었어요. 그 덕분에 이제 저는 전통적인 부족의 원시 춤을 발레나 모던 댄스와 결합시키는 작업을 하면서, 유명한 아메리카 원주민 안무가의 대열에 끼게 되었지요."

말라는 뉴욕 여행을 다녀온 후 데니스와 전화 통화를 했다. 말라는 데니스에게 사람들이 데니스를 얼마나 훌륭하고 소중하게 생각하는지 얘기했다. 그러자 전화선 저편에서 고요한 정적이 느껴졌다. 말라는 전화가 끊긴 것이 아닌가 하는 생각이 들었다. "그 말이 그렇게 데니스에게 특별하게 와 닿았는지 깨닫지 못했더랬어요. 그 침묵에 갑자기 울컥해지더라고요. 데니스가 내 이야기를 집중해 듣는다는 얘기니까요. 놀라운 경험이었어요. 누군가가 자신에게 얼마나 소중한지를 표현하는 것은 엄청나고도 강력한 것이란 걸 깨달았어요."

몇 달이 지난 후 말라는 그녀의 감사 표현이 데니스에게 어떤 울림을 주었는지 보다 자세히 알게 되었다. 사실 데니스는 얼마동안 건강이 좋지 않았다. 그러나 오랜만에 만난 옛 친구의 말이 지속적이고 강력한 울림이 되어 자신이 여전히 중요한 일을 할 수 있다는 믿음을 잃지 않게 해 주었다고 고백했다. 말라가 던진 감사의 말은, 데니스가 힘들었던 시기에 데니스를 지탱해 주고 용기를 주는 힘이 되었다.

말라는 내게 이 이야기를 들려주며 감정이 복받쳐 올랐다. 깊은 감사의 표현이 주는 힘을 확실하게 경험했을 뿐만 아니라 받는 사람에게 미치는 영향도 분명하게 알게 된 것이다. 말라는 이제 유명한 무용수로 살아가면서 단계마다 여러 번 확실한 '도약'을 이루어 내었다. 그러나 데니스가 그녀의 삶에 어떤 의미였는지 털어놓았을 때가 가장 감사하고 소중한 순간이었으리라.

아들을 위한 특별한 환송회

나를 깊이 감동시킨 또 하나의 이야기는 '바바라'라는 한 지인에게서 들었던 것이다. 감사 여정에 관한 이야기를 그녀에게 들려주고 난 직후였다.

바바라의 아들 폴은 군 복무 중이었다. 아들은 아프가니스탄으로 파견되기 전 크리스마스 휴가를 나왔다. 바바라는 넉넉하지 못한 형편이었지만 아들을 위해 뭐가 특별한 것을 해 주고 싶었다.

그래서 바바라는 사랑하는 가족과 친구들에게, 폴에게 전할 편지를 써달라고 부탁했다. 그리고 성탄절 전야에 폴과 함께 한 자리에서 한 사람 한 사람 자신이 쓴 편지를 낭독했다. 그곳에는 오리건 주에서 비행기 타고 온 아버지와 현재의 양아버지도 있었고 할머니, 증조모, 형제자매들, 그리고 친한 친구 몇 명도 있었다. 그러나 어느 것도 '최후의 메시지' 처럼 느껴지지 않게 신경을 썼다. 사람들은 일부러 익살스러우면서도 사려 깊은 표현으로 군 복무 마치고 귀국 파티하기를 고대한다고 말했다.

바바라의 말을 빌면, 폴이 거기 모인 사람들에게 평생을 두고 얼마나 큰 선물이었는가를 표현할 수 있었던 것, 그리고 폴이 떠나기 전 그것을 알려 줄 수 있었던 것은 그들에게도 엄청난 경험이었다고 한다. 이 사람들 어느 누구도 "미리 말할 걸……." 이렇게 후회하는 일은 없을 것이다. 대신에 바바라는 "모든 사람이 편지를 읽을 때 행복감을 느꼈어요. 그리고 모두들 저에게 그렇게 특별한 행사를 주선해 주어 고맙다고들 했죠."라고 흐뭇해 했다.

폴은 그 편지를 직접 챙겨 갔고, 한껏 푸근해진 마음으로 떠날 준비를 했다. 그러나 이야기는 여기서 끝나지 않는다.

폴은 아프가니스탄으로 떠나기 바로 전, 그의 고별 파티에 참석했던 사람들에게 문자 메시지를 보냈다. 그녀는 아들에게 받은 메시지를 나에게 보여 주었다. "이 세상 어느 누구도 저처럼 훌륭한 엄마를 둔 사람은 없을 거예요. 감사합니다."라는 것이었다.

나는 바바라에게 이전에도 이런 메시지를 받아본 적 있냐고 물었더니, "아니요. 그렇게 감정을 표현하는 아이가 아니었어요. 크리스마스 때 편지를 받고 마음의 문이 열린 것 같아요."라고 말했다.

이것은 또 하나의 작은 파문이었다. 나라를 지키기 위해 떠나는 모든 사람들이 그렇게 할 수 있다면, 폴과 그 가족이 했던 것처럼 마음의 평화를 얻고 떠날 수 있다면 얼마나 가슴 벅찬 일이겠는가.

44센트의 기적

이제 마지막으로 필라델피아 출신의 '거물'에 대해 이야기 하려 한다. 유명한 사람들이라 사생활 보호 차원에서 이름은 밝히지 않겠다.

내 친구의 절친한 친구는 필라델피아 출신의 영향력 있는 사람인데 근 반세기 동안 친구에게 듬직한 맏형 같은 존재였다. 어느 모로 보나 '거물'이었다. 키가 192cm에 체중도 90kg이 넘었다. 수년간 정부 고위층에 강력한 영향력을 행사했다. 그렇게 오랜 세월 동안 두 친구는 가까운 사이였음에도 서로의 우정을 말로 표현해 본 적이 없었다. 내 친구의 표현에 의하면, 필라델피아 출신의 그 친구는 칼로 심장을 열어 보인다 해도 절대 감정을 표현하지 않을 거라 했다. 원래 그런 사람이었다.

이렇게 힘이 넘쳤던 사람이지만 죽을 때가 가까워오자 마음이 약해져, 그에게로 달려가 5일 동안을 함께 보냈다. 서로 헤어져야 하는 마지막 날에 이 거물 친구는 힘들게 의자에서 일어나더니 산소 마스크를 빼고는 내 친구에게 팔을 두르고 끌어안았다. 내 친구가 그에게 말했다. "사랑하네." 죽어가는 이 친구가 말했다. "알고 있었네."

두 사람은 셔츠가 다 젖을 정도로 울고 또 울었다. 내 친구는 그동안 두 사람이 나누었던 그 어떤 말보다도 아름다운 이야기였다고 고백했다. 늦긴 했지만 그래도 진짜 속마음을 말로 표현했다는 사실이 너무나 멋졌다. 나는 친구에게 이렇게 물었다. "이전에는 그 옛 친구를 왜 끌어안지 못했다고 생각하나?" "50년 이상 가까이 지내면서도 그럴 생각도 해 본 적이 없었네." 놀랍지만 그리 이상할 것도 없는 대답이었다.

나는 내 친구에게 너무 늦기 전에 그 병든 소중한 친구에게 마음을 그대로 글로 표현해 보는 것이 어떠냐고 제안했다. 이 제안을 받고 그는 꼬박 이틀 동안 앉아 글을 썼노라고 내게 다시 전했다. 그렇게 한번 시작하자 말이 봇물 터지듯 쏟아져 나오기 시작했다. 두 장 꽉 채워 글을 쓰는데 단 15분밖에 걸리지 않았다. 한 번도 표현해 보지 않앉던 말이 술술 나왔다.

이 편지를 받고 필라델피아 출신의 남자는 내 친구에게 전화를 해서 눈물을 흘리면서 그의 사랑과 고마움을 온전하게 표현했다. 내 친구도 함께 울었다. 단 5분 동안의 전화 통화였지만 그는 뭔가 진정으로 마무리가 되었음을 느꼈다고 했다. "더 이상 말할 것이 없었어요." 친구가 덧붙였다. "그와 닷새를 같이 지내면서도 그런 느낌은 아니었거든요."

국토를 횡단하여 날아간 것만으로도 충분하다고 생각할 수도 있다. 그러나 그렇지가 않다. 두 사람 사이에 정작 중요한 얘기는 여전히 말로 표현하지 못한 상태였다.

추측하건대 나이 든 사람들, 특히 군대에 다녀온 사람들은 이런 종류의 표현이 더 어렵다는 것을 느꼈을 것이다. 그러나 이 이야기는 노전사 두 사람이 타고난 과묵함을 어떻게 극복했고 그것이 두 사람에게 어떤 의미였는지를 잘 보여 준다.

이 놀라운 유종의 미와 마음의 평화를 얻는 데 내 친구가 치른 비용은 얼마였을까? 단 15분, 두 장의 편지지, 봉투 한 장, 그리고 44센트의 우표, 그것이 전부였다.

이처럼 무뚝뚝한 사람들도 감사 표현을 할 수 있으니 여러분은 누구나 할 수 있다고 확신한다. 인생에서 진정한 변화를 가져다 준 사람을 위해 자신만의 감사 표현법을 찾게 되길 진심으로 바란다.

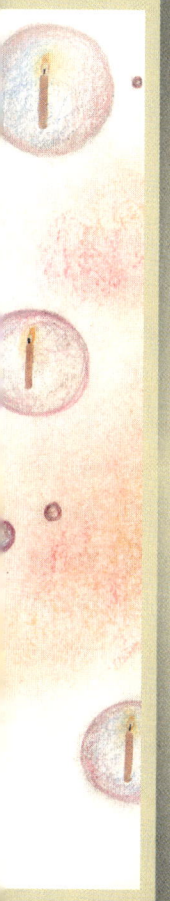

"당신의 '빅토리 랩'은 사랑과 감사의 들불과도 같습니다.

불꽃이 사방에서 일어나고 있어요."

후기

"한 인간의 성장은 계속되는 친구들의 합창에 그대로 나타난다."
- 랄프 왈도 에머슨

나는 본래 친한 사람들하고만 만나는 비사교적인 사람이었다. 그래서 많은 독자들과 관계를 갖는 것은 안전지대를 벗어난 것 같음에도 불구하고 이 소중한 경험을 통해서 배우게 된 것을 많은 사람들과 나누어야 한다고 느꼈다.

감사의 말을 전하는 일은 가슴 벅차다. 독자들이 시간 내어 이 책을 읽고 감사의 여정을 고려해 보고 있는 것만으로도 그저 기쁠 따름이다. 감사의 여정을 다녀오고 나서 그 경험이 보람 있다거나 더 많은 사람들을 만나고 싶다는 생각이 들지 않는다면 그것이야 말로 놀랄 일이다.

이 책은 첫 장을 펼치는 순간부터 마지막 페이지까지 더 늦기 전에 진심에서 우러난 감사의 말을 표현하라고 이야기했다. 독자들이 존경하는 사람과 기분 좋게 소통할 수 있는 자기 길을 찾는 자극제가 되었으면 좋겠다. 먼저 한 사람에게 감사 표현을 해 보자. 그런 다음 더 많은 사람을 찾아 나설지 여부를 결정해도 된다.

나는 앞으로 더 많은 사람을 만날 계획이다. 처음 여정에 올랐을 때는 끝이 있을 것이라고 생각했다. 그런데 끝이 없었다. 배움은 평생을 두고 계속해야 하는 노력이다. 나는 배우기 위해 산다. 그렇게 배워서 사랑을 가르치고, 지도하고 지원하고 보여 줄 것이다.

나는 내 삶을 변화시킨 사람들과 한 대화 녹음을 들을 때마다 소중한 관계에 대해 더욱 깊이 느끼게 되었다. 고전 명화를 보는 것과 같다고나 할까. 고전 명화는 볼 때마다 느낌이 새롭고 다른 의미를 느낄 수 있지 않은가. 녹음해 둔 이 CD는 이제는 내 평생 추억이 담겨 있는 나의 가장 소중한 소장품이 되었다. 예술품을 감상하듯 그렇게 오래 두고두고 음미할 것이다.

물론 나의 감사 여정도 계속될 것이다. 깊은 고마움을 표현하는 것은 이제 나의 삶의 방식이 되었다는 것을 강렬하게 느낀다.

'감사 표현'이 일으킨 변화

고마움을 느끼고 표현하는 데 이 책이 변화의 바람을 일으키기를 바란다. 나는 언제나 이상적인 결과를 생각하면서 미래의 계획을 세웠다. 이번에는 '감사 표현'이 릴레이 운동처럼 퍼져나가 삶에 변화를 가져다 주었으면 하고 바란다. 감사 표현이 릴레이 하듯 다른 사람에게 또 고마움을 표현하게 되어 그것이 하나의 전통이 되는 것이다. 그렇게 하면 쥐고 있던 인생의 패가 달라지고 훨씬 많은 성취감과 만족감을 느낄 수 있게 된다. 이 책이 모든 사람의 인생을 한 차원 높여 주었으면 좋겠다.

『감사로 움직여라』의 집필을 마무리 하는 중에 한 친구에게 이 책 이야기를 했다. 나는 친구가 그 책을 어떻게 사용할지 듣고 나서 더 힘이 났다. 그는 좋은 책이 있으면 친구나 회사 동료, 고객과 가족들에게 종종 선물했다.

"월터, 자네 책은 사람들에게 나의 감사하는 마음을 표하는 최고의 방법이 될 것이네. 고마운 사람들에게 한 권씩 선물하면서 그들이 내게 얼마나 중요한 사람이었는지 메시지를 함께 써서 보내 줄 걸세." 그러고 나서 반짝이는 눈빛으로 그가 말했다. "맞아. 지금 이 순간 감사하고 사랑하자!"

각자에게 울림을 주든 아니든 독자들이 모든 것을 감사의 마음으로 받아들이며 살았으면 하는 바람이다.

이 책을 다 쓰고 난 후 모임에 나가 그곳에서 만난 한 여성과 이 책이 주는 메시지에 대해 토론을 하게 되었다. 일주일 쯤 후, 그녀가 이메일을 보내왔는데 그 내용이 너무 감동적이라 여기에 싣는다.

이렇게 세월이 많이 지났는데도 초등학교 3~4학년 때 담임선생님의 기억들이 남아 있다고 말씀드렸죠. 편지를 보내야지, 생각은 늘 하고 있으면서도 실행에 옮기질 못했어요. 그런데 당신과 만나고 난 후 집에 돌아와 바로 편지를 썼습니다. 그리고 일주일 내내 카슨 선생님의 주소를 알아내느라 옛날 반 친구들을 찾으며 많은 친구들과 카슨 선생님에 대한 추억을 떠올리며 이야기꽃을 피웠지요.

그중 가장 기억에 남는 것은 4학년이 끝날 무렵 카슨 선생님께 한 사람씩 편지를 썼던 일이에요. 세월은 흘러 2008년 여름. 카슨 선생님은 수술을 받기 위해 입원해 계셨는데 제자 한 명이 선생님을 방문했답니다. 카슨 선생님이 말씀하셨어요. "저기 있는 내 가방 좀 갖다 주렴." 선생님은 그 가방을 여시더니 누런 서류 봉투를 꺼내시더랍니다. 그 봉투 속에는 우리가 4학년을 마치고 선생님에게 보냈던 편지가 고스란히 들어 있었고요. 그 오랜 세월 동안 선생님은 그 편지들을 보물처럼 간직하고 계셨던 거예요. 선생님은 그 편지를 '연애 편지'라고까지 부르셨대요.

이제 80대 중반이신 카슨 선생님은 건강도 회복되어 작은 스포츠카를 몰고 인디아나 주의 먼시를 여행하며 다니신답니다. 선생님은 자녀도 없고 우리반 담임을 맡았던 그 2년 동안 초등학교 학생들을 가르친 게 전부셨지요. 그러나 선생님은 우리들을 자식처럼 사랑하셨어요.

제가 연락드리면 정말 좋아하실 거예요. 고등학교를 졸업하고 지금까지 무얼 하며 살았는지 자세히 썼죠. 편지를 쓰는데 점차 마음이 편안해졌어요. 초등학교 3~4학년 때를 돌아보면 향수가 생겨요. 다정하고 훌륭하신 선생님 덕분이죠. 선생님들은 봉급도 적고 제대로 보상받지 못하니 우리가 감사의 뜻을 전달해 최소한으로라도 보상을 해 드려야죠. 제게 이런 깨우침을 주셔서 진심으로 감사드립니다.

제자의 진심 어린 감사에 카슨 선생님이 어떤 반응을 보이셨는지 소식을 듣기 전에 이 책이 먼저 출판되었다. 지금 그 소식을 기다리고 있다.

또한 독자들의 경험과 그 감사를 받은 사람에게 어떤 의미로 다가왔는지에 대해서도 듣고 싶다. 내 홈페이지 http://thisisthemoment.com 에서 여러분의 이야기를 함께 나눌 수 있기를 바란다.

앞으로 나는 이제 갓 여섯 살과 일곱 살이 된 손주 클레어와 윌슨과 감사의 대화를 나누고 싶다. 두 아이는 멋진 부모 앤과 제이슨의 사랑을 받고 자라면서 감사의 마음을 키워 갈 것이다.

그들이 성장했을 때 깊은 감사 표현이 일상화된다면 멋진 일이 아니겠는가? 이 책이 그 신호탄이 되고 여러분들이 릴레이식 보답을 하여 많은 사람들이 그 중요성을 인식하면 새로운 전통이 만들어질 것이다. 깊은 감사 표현이, 지금 우리가 사용하는 "감사합니다." 또는 "사랑해요."라는 말처럼 자연스러운 표현이 될 것이다. 그렇게 앞으로 깊은 감사 표현이 우리에게 정신적 유산으로 남을 수 있다면 더 이상 뿌듯한 일이 없을 것이다. 여러분을 위해 그리고 여러분들이 사랑하고 존경하는 사람들을 위해 지금 이 순간 감사하고 사랑할 수 있기를 바란다.

참고 문헌

다음은 내 인생에 영향을 준 책이다. 이 책에도 영감을 주었다.

미치 앨범 『모리와 함께 한 화요일』, 더블데이, 1997

켄 블랜차드 『상황 대응 리더십Ⅱ 바이블 Leading at a Higher Level』, FT 프레스, 2006

아트 부치월드 『작별 인사하기엔 너무 이르다』, 랜덤하우스, 2006

게리 채프먼 『다섯 가지 사랑의 언어』, 놀스필드 출판사, 1995(2010년 재판)

크리스 크롤리, 로지 헨리 『갈수록 더 젊게』, 워크먼 출판사, 2007

로버트 에먼스 『감사합니다 Thanks!』, 마리너 북스, 2008

크레이그 킬버거 『나에서 우리로』, 파이어사이드, 2006

소냐 류보머스키 『행복해지는 법 The How of Happiness』, 펭귄, 2007

캔트너번 『아들아, 너는 인생을 이렇게 살아라』, 뉴월드 라이브러리, 1994(1999년 개정판)

유진 오켈리 『인생이 내게 준 선물』, 맥그로 힐, 2007

제임스 오툴 『멋지게 사는 법 Creating the Good Life』, 로달 북스, 2005

랜디 포시 『마지막 강의』, 하이페리온, 2008

니도 쿠베인 『석세스 로드』, 와일리, 1997

팀 루서트 『아버지의 지혜』, 랜덤 하우스, 2006

마틴 샐리그먼 박사 『진정한 행복 Authentic Happiness』, 프리 프레스, 2004

수잔 소머스 『돌파구 Breakthrough』, 쓰리 리버스 프레스, 2009

에크하르트 툴레 『지금 이 순간을 살아라』, 뉴월드 라이브러리, 1999

데니스 웨이틀리 『성공의 씨앗』, 포켓 북스, 1988

『감사로 움직여라』는 내 평생의 경험과 인간관계의 산물입니다. 살아오는 내내 내 삶에 감동을 준 모든 사람들은, 내 마음에 평생 지워지지 않는 흔적을 남겨 놓았습니다.

재능 많고 자상하고 헌신적인 해리슨 컨퍼런스 센터의 동료들에게 내가 보람 있고 충만하게 지낼 수 있게 해 주어 깊은 감사를 드립니다. 여러분들이 자랑스럽습니다. 지난 세월 동안 '젊은 기업가 모임', '세계 기업가 모임', '최고 경영자 모임', 'L3(Leadership, Legacy, Life)'를 포함하여 전문 기관에서 알게 된 모든 분들께 감사드립니다. 덕분에 내 삶은 더욱 풍요로워졌습니다.

나의 가족과 친구의 가족 모두에게도 감사를 드립니다. 여러분들이 없었다면 내 인생 또한 존재하지 않았을 것입니다. 여러분의 따뜻한 격려와 사랑, 지지 그리고 항상 곁에서 함께 있어 준 것은 내 인생 최고의 축복입니다. 아내 롤라에게도 감사한 마음 전합니다. 당신이 준 감동과 감화는 언제나 내 마음 속에 새겨져 있으며 이 책 또한 예외가 아닙니다. 당신이 내게 시간이라는 선물을 주지 않았다면 일 년 동안의 감사 여정은 실행에 옮기지 못했을 것입니다. 당신의 인간관계가 넓지 않았다면 헤이 하우스의 편집장인 질 크래머를 우연찮게 만날 수도 없었을 것입니다.

감사 여정 덕분에 내가 진정 자수성가한 사람이 아니라는 사실을 절실하게 느끼게 되었습니다. 『감사로 움직여라』를 출간하게 된 이유이기도 하지요. 여러 사람들의 탁월한 재능과 도움과 열정이 없었다면 이 책은 탄생하지 못했을 것입니다. 헤이 하우스에서 질 크래머와, 사장이자 최고경영자인 레이드 트레이시. 두 사람의 열렬한 후원은 출판 과정 내내 사그라지지 않았습니다. 직접 내 이름으로 책을 내 본 적은 없었던 나는 솔직하게 도움이 필요하다고 말했습니다. 질은 내게 안젤라 헤인즈를 소개해 주었습니다.

안젤라는 더할 나위 없이 완벽한 지원자였습니다. 그녀는 나의 인생 이야기와 감사 여정의 고마운 사람들 이야기가 마치 작곡가가 멜로디를 뽑아내 기억에 남는 음악을 탄생시키듯이 그런 역할을 하는 책이 되기를 바란다는 내 취지를 충분하게 파악하고 있었습니다.

감사 대화를 위한 준비 작업을 할 때도, 그리고 감사 여정에서 만난 사람들과 녹음 작업을 했던 길고 긴 시간, 그리고 내내 활용했던 다른 자료는 내 조교인 크리스티 바워크가 맡아 정리해 주었지만 가장 중요한 작업은 이 자료를 책으로 만드는 것이었습니다. 안젤라와 나는 몇 시간 동안 아니 며칠 동안을 함께 교정 작업을 했습니다. 간단히 말해서 그녀가 없었다면 이 책은 출간되지 못했을 것입니다. 그녀의 글 솜씨와 이 프로젝트에 대한 헌신, 놀라운 조직력, 완벽함을 추구하는 끈기, 내 말과 메시지 둘 다를 완벽하게 이해하는 능력에 진심으로 찬사를 보냅니다.

내가 제프 스티플러, 토미 슐호프, 스테판 마이론으로 구성된 '평가단'을 구성했다는 것을 언급하지 않을 수 없지요. 그들은 이 책이 처음 구성될 때부터 최종본이 나오기까지 피드백을 해 주고 많은 의견을 제시해 주었습니다. 제프는 감사 대화를 녹음해 보면 어떻겠냐는 제안을 했지요. 정말 멋진 제안이었습니다.

헤이 하우스에서 나는 수석 편집자인 샤논 리트렐의 재능과 경험 덕을 많이 보았으니 정말 운이 좋았습니다. 그녀의 조언은 이 책에 대한 그녀의 열정만큼이나 대단했습니다. 샤논과 함께하는 작업은 엄청난 기쁨이었고 그 이상 도움을 주는 편집자는 구할 수 없었을 것입니다.

이 책 내용이 다 완성된 후에 헤이 하우스의 수석 디자이너인 줄리 데이비슨과 함께 책 표지 디자인 작업을 할 수 있었던 것 또한 행운이었습니다. 줄리는 내가 원하는 책 표지의 느낌을 그대로 포착하는 능력이 있었고 다른 어느 누구도 그녀만큼 협력적이지 못했을 것입니다.

마지막으로, 앞에 열거한 사람들만큼 중요한 사람으로 나의 감사 여정에 함께 했던 분들 한 사람 한 사람에게 감사드립니다. 여러분들이 내 인생에 감화를 준 것에 감사할 뿐만 아니라 이 책의 메시지가 독자에게 가장 잘 전달될 수 있도록 여러분들의 이름과 대화 내용을 이 책에 언급할 수 있게 해 주어서 고맙습니다. 개별적인 대화 내용을 활용하는 것은 이 책의 목적을 가장 잘 전달할 수 있을 것이란 생각에서였습니다. 그것을 양해해 주시고 한없이 지원해 주신 데 대해 여러분 모두에게 깊이깊이 감사드립니다.

『감사로 움직여라』는 감사에 대한 우리의 의식을 높여 주기 위해 쓰인 책입니다. 여정에서 만난 사람들뿐 아니라 내 인생 여정에서 내 마음에 감동을 준 사람들의 가치가 적절하게 표현되었기를 바랍니다.